AI와 심리적 안정감

AI문고

인공지능 시대입니다. 기계가 인간의 인지를 대신하고, 사물이 인간을 통하지 않고 다른 사물과 직접 커뮤니케이션합니다. 이에 따른 인간 삶과 문명 변화를 정확히 이해·예측·대응하는 것은 이 시대 우리 모두의 과제입니다. AI문고는 인공지능 기술과 환경의 여러 주제를 10가지 키워드로 정리합니다. 관련 개념과 이론, 학계와 산업계의 쟁점, 우리 일상의 변화를 다룹니다. 인간과 기술의 현재, 미래를 세심히 분석합니다.

일러두기

- 인명, 작품명, 저서명, 개념어 등은 한글과 함께 괄호 안에 해당 국가의 원어를 병기했습니다.
- 외래어 표기는 현행 어문규정의 외래어표기법을 따랐습니다.

처음이세요?

전문가세요?

AI와 심리적 안정감

원미영

대한민국, 서울, 커뮤니케이션북스, 2026

AI와 심리적 안정감

지은이 원미영
펴낸이 박영률

초판 1쇄 펴낸날 2026년 1월 16일

커뮤니케이션북스(주)
출판 등록 2007년 8월 17일 제313-2007-000166호
02880 서울시 성북구 성북로 5-11
전화(02) 7474 001, 팩스(02) 736 5047
commbooks@commbooks.com
www.commbooks.com

ISBN 979-11-430-1643-0 03500

책값은 뒤표지에 표시되어 있습니다.

차례

마음의 안전지대를 찾아서

왜 지금 마음의 안전지대인가

AI가 일의 방식을 바꾸는 속도가 거세다. 마음이 적응할 시간을 허락하지 않는다. 기술을 다루는 사람들도 어느 순간 자신의 감정을 붙잡기 어려워한다. 커리어를 쌓고, 변화를 이끌던 사람들조차 대화를 이어가다 보면 결국 마음의 회복이 필요하다고 고백한다.

정신과 진료는 일상이 되었고, 처방된 약은 현대인의 필수품이 되었다. 2025년의 오늘, 현장에서 만난 많은 사람들은 기술의 진보보다 자신의 감정을 먼저 다스리고 싶다고 말했다. 어디서부터 균열이 시작된 걸까. 매일 새로운 모델이 공개되고, 어제 배운 방법은 오늘의 업데이트로 대체된다. 배움은 멈추지 않고, 잊는 것조차 훈련이 된다. 배운 것을 비우고 다시 채우는 언런(Unlearn)과 리런(Relearn)이 반복되는 현실 속에서, 마음이 쉴 곳을 잃었다. 생산성 지표는 오르지만 평정은 점점 내려간다.

나는 HR와 조직 현장에서 16년을 보냈다. 성장의 구조를 설계하고, 변화를 제도화하는 일을 했다. 그 과정에서 팀이 흔들릴 때 무엇이 가장 먼저 무너지는지를 보았다. 결론은 명확했다. 기술은 업무를 바꾸지만, 마음의 안전지대가 없으면 성과는 지속되지 않는다. 마음의 기반이 단단할 때 기술은 성장의 동력이 된다.

이 책은 AI 시대의 마음이 어떻게 변해 가는지를 관찰하고, 그 변화 속에서 사람이 어떤 균형을 찾아 가는지를 다룬다. 기술은 잡을 수 없이 빠르게 진화하지만, 사람은 느리게 적응한다. 그 느림 속에서 우리는 방향을 되찾고, 다시 자신을 설계한다. 불안은 피해야 할 감정이 아니라 새로운 질서를 만들어가는 징후다. 이 책은 불확실성의 시대를 살아가는 마음의 풍경을 읽고, 그 안에서 심리적 안정감을 회복하는 길을 모색한다.

AX 시대, 확장된 행위의 시대

AI 도입은 산업의 재편을 넘어 심리적 지형의 재편이다. 사람의 정체성, 통제감, 관계 감각을 다시 쓰게 만든다. 이 현상을 AX(AI Transformation)라고 부른다. 단순한 기술 전환이 아니라 확장된 행위의 시대(Age of eXtended action)다.

디지털 전환(DX)을 돌아보자. 종이를 화면으로, 오프라인을 온라인으로 옮기는 과정이었다. 매체가 바뀌었지만 역할은 그대로였다. 사람이 판단하고, 시스템이 실행했다. 의사 결정의 주체와 책임의 구조는 크게 바뀌지 않았다.

AI 전환(AX)은 다르다. AI는 업무를 대신하는 것을 넘어 판단에 개입하고, 추천을 제시하고, 패턴을 해석하는 주체처럼 작동한다. 따라서 사람의 역할이 이동한다. 실행자에서 해석자로, 명령자에서 협업자로. 이건 기술적 변화가 아니라 인식론적 재편이다. 누가 판단하는가, 누가 책임지는가, 무엇이 진짜 나의 결정인가. 이 질문들이 다시 열린다.

AI와 사람의 상호작용은 네 층위로 확장된다. 첫째는 실행의 확장이다. AI가 반복 작업을 대신하고, 데이터를 정리하고, 초안을 작성한다. 여기까지는 효율화의 영역이다. DX의 연장선인 것이다.

둘째는 해석의 확장이다. AI가 패턴을 먼저 제시하고, 사람은 그 패턴을 확인한다. 시스템이 이상하다고 하니까, 알고리즘이 추천했으니까라며 해석의 주도권이 조금씩 이동하는 지점이다. 이 역전이 반복되면 사람은 점차 스스로 해석하는 능력을 잃는다. 시스템이 알아서 해주고 내가 볼 필요가 없다고 단정 지으며, 해석 근육이 위축된다.

셋째는 설득의 확장이다. AI의 논리는 데이터에 기반하고, 사람의 직관은 경험에 기반한다. 둘이 충돌할 때 조직은 대개 데이터를 선택한다. 그런데 데이터는 과거를 반영할 뿐 미래를 보장하지 않는다. 사람의 직관은 맥락과 예외를 포착하지만, 그것을 증명하기는 어렵다. 설득의 비대칭성이 커질수록, 사람은 자신의 판단을 신뢰하지 못하게 된다.

넷째는 관계의 확장이다. AI가 동료처럼 느껴지고, 의존의 대상이 되고, 때로는 감정적 지지의 원천이 되기도 한다. AI가 나를 이해해 준다, 시스템이 내 패턴을 안다. 인간관계의 피로가 클수록 AI와의 관계는 더 편안하게 느껴진다. 판단받지 않고, 기대하지 않고, 언제든 접속 가능하기 때문이다. 그런데 이 편안함은 깊이 없는 연결이다. AI는 공감하지 않는다. 반응할 뿐이다.

실행만 확장되면 문제는 단순하다. 그런데 해석, 설득, 관계까지 확장될 때 사람의 정체성과 주체성이 흔들린다. 이 책은 바로 그 확장된 층위에서 발생하는 심리적 변화를 탐구한다.

불안을 신호로 읽기

불안은 단일 감정이 아니다. 생존의 불안, 인지의 불안,

통제의 불안이 서로 맞물려 증폭된다. 일자리의 소멸 가능성, 변화 속도의 추월, 알고리즘으로 이관되는 권한이 한 몸처럼 나타날 때, 사람은 자신이 점점 희미해지는 느낌을 받는다.

나는 이를 점진적 비가시화(Gradual Invisibility)라고 부른다. 어느 날 갑자기 자리를 잃는 게 아니다. 회의에서 의견을 묻지 않고, 책임의 범위가 좁아지고, 시스템이 설명의 주어가 되는 현상. 천천히, 그러나 확실하게 존재감이 옅어진다.

불안을 적으로 삼으면 불안은 더 커진다. 신호로 받아들일 때 길이 열린다. 우리는 불안을 제거해야 할 감정으로 배워왔다. 긍정심리학은 강점에 집중하라고 말하고, 자기계발서는 불안을 이겨내는 법을 가르친다. 그런데 불안을 없애려는 시도는 역설적으로 불안을 강화한다. 왜냐하면 불안은 적이 아니라 정보 제공자이기 때문이다.

불안을 신호로 읽는다는 건 먼저 불안의 종류를 구별하는 것이다. 생존 불안은 일자리와 안정성에 대한 근원적 두려움이다. 밤에 잠을 설치게 만드는 불안이나 아침에 출근길을 무겁게 만드는 불안이다. 인지 불안은 정보 과부하와 학습 속도에 대한 압박이다. 읽어야 할 문서는 쌓이고, 알아야 할 기술은 늘어나고, 시간은 부족하다. 끝나지 않는 숙제를 안고 사는 느낌이 든다. 통제 불안은 자율성과 주체성 상실에 대한 두려움이다. 내가 결정하는 게 아니라 시스템이 결정하는 것 같고, 내 역할이 점점 줄어드는 느낌을 가지게 된다. 이 세 불안은 서로 다른 원인에서 오고, 다른 대응을 요구한다.

새로운 AI 도구를 배워야 한다는 공지를 받았을 때를 생각해 보자. 그 순간의 불안은 여러 층위의 메시지를 동시에 보낸다. 이미 배울 게 너무 많은데 또 추가되었다고 느낀다면, 그건 인지 과부하의 신호다. 주의 자원이 한계에 도달했다는 경보인 것이다. 이걸 못 배우면 뒤처질 것 같다는 두려움이 앞선다면, 그건 생존 불안이다. 경쟁에서 탈락할지 모른다는 위협 감지. 왜 이걸 배워야 하는지 모르겠다는 공허함이 든다면, 그건 의미 상실의 신호다. 일의 목적과 방향에 대한 혼란. 나한테 의견을 묻지도 않고 결정되었다는 불편함이 크다면, 그건 통제감 상실이다. 주체성이 흔들리고 있다는 경고다. 같은 상황, 다른 신호. 신호를 정확히 읽어야 적절한 행동을 취할 수 있다.

불안을 신호로 읽는다는 건 불안을 없애는 게 아니라, 불안이 가리키는 문제에 대응하는 것이다. 이 전환이 일어나면 불안은 적에서 조언자가 된다. 불안이 사라지지 않아도 괜찮다. 불안이 말하는 바를 이해하고, 그에 맞게 행동하면 된다. 불안과 함께 살되, 불안에 지배당하지 않는 것-이게 AX 시대를 살아가는 심리적 기술이다.

긍정심리학은 불안의 정보 가치를 무시한다. 마치 경보음이 시끄럽다고 경보기를 끄는 것과 같다. 소음은 사라지지만 위험은 그대로다. 회복탄력성 담론은 여전히 불안을 극복해야 할 적으로 본다. 마인드풀니스는 관찰에서 멈춘다. 불안을 있는 그대로 바라보라고만 말한다.

이 책은 관찰 다음의 단계인 해석과 관점을 다룬다. 불안을 수용하되, 그 불안이 무엇을 말하는지 해독하고, 그에 맞는 대응을 설계하는 관점을 말한다.

세 겹의 안전지대를 짓는다

마음의 안전지대는 회피가 아니다. 변화를 늦추는 방패도 아니다. 통제할 수 없는 바깥의 속도 속에서 통제 가능한 '내면의 기준을 세우는 작업'이다. 심리학은 이를 통제 가능성의 회복, 자기효능감과 회복탄력성의 강화로 설명한다. 이를 실무 언어로 번역하면 '태도의 설계'라고 본다. 무엇을 배울지, 어디에 반응할지, 어떤 기준으로 판단할지를 스스로 정하는 힘이 필요한 시대다.

안전지대는 세 겹으로 지어진다. 첫째는 해석의 기준이다. 똑같은 업데이트도 위협으로 볼 것인지 확장 기회로 볼 것인지는 해석의 렌즈가 결정한다. 둘째는 행동의 리듬이다. 집중과 회복, 접속과 단절의 리듬을 설계해야 한다. 셋째는 관계의 구조다. 심리적 안전이 있는 팀은 실패를 학습으로 돌리고 불확실성을 실험으로 바꾼다. 이 세 겹이 갖춰질 때 기술은 도구로 남고 사람은 주체로 선다.

왜 세 겹인가. 이건 임의적 선택이 아니다. 심리적 안정감이 붕괴되는 순서를 역추적한 결과다. 현장에서 팀이 무너질 때 나는 일관된 패턴을 목격했다. 먼저 관계가 흔들렸다. 심리적 안전이 사라지면서 사람들은 실패를 숨기기 시작했다. 다음으로 리듬이 깨졌다. 회복 없는 집중, 단절 없는 접속이 반복되며 소진이 가속화되었다. 마지막으로 해석의 기준이 무너졌다. 이게 맞는 건가, 왜 이 일을 하는가라는 질문에 답할 수 없게 되었다.

붕괴의 역순이 곧 구축의 순서다. 첫째, 해석의 기준이 먼저 서야 한다. 무엇이 중요한가를 정하지 않으면, 모든 신호가 동등한 긴급성으로 다가온다. 해석 없이는 선택이 불가능하다. 둘째, 행동의 리듬을 설계해야 한다. 해석의 기준이 있어도 실행의 지속성이 없으면 의도는 공회전한다. 리듬은 해석을 실천으로 전환하는 메커니즘이다. 셋째, 관계의 구조가 이를 지탱한다. 혼자서는 해석도 리듬도 오래 유지되지 않는다. 타인의 시선, 피드백, 지지가 개인의 선택을 안정화시킨다.

중요한 건 이 세 층위가 독립적으로 기능하지 않는다는 점이다. 예를 들어, 해석의 기준만 명확해서는 안전지대는 형성되지 않는다. 나는 이 업데이트에 반응하지 않겠다고 결심해도, 주변이 모두 그 업데이트를 따라가면 결심은 흔들린다. 관계적 맥락 없는 개인의 기준은 고립으로 이어진다. 리듬만 설계해도 부족하다. 규칙적인 회복 시간을 확보해도, 그 시간에 무엇을 할지, 왜 필요한지를 이해하지 못하면 리듬은 형식으로 전락한다. 해석 없는 리듬은 관성이다. 관계만 강조해도 위험하다. 심리적 안전만 높이면 성과가 나올 거라는 믿음은 환상이다. 관계가 좋아도 개인이 자신의 기준을 잃으면, 집단 사고(Groupthink)에 빠지거나 타인의 기대에 과도하게 의존하게 된다. 관계는 해석과 리듬을 지지하는 구조이지, 그 자체로 목적이 아니다.

이 세 층위는 삼각 구조로 서로를 떠받친다. 해석은 리듬을 방향 짓고, 리듬은 관계를 지속 가능하게 만들고, 관계는 해석을 교정한다. 하나가 약해지면 나머지 둘도 흔들린다. 세 겹이 동시에 구축되어야 하는 이유다.

많은 조직이 AI 도입을 기술 문제로만 접근한다. 시스템을 선택하고, 교육을 제공하고, KPI를 설정한다. 그런데 심리적 안전지대 없이 기술만 들어오면, 세 가지 부작용이 발생한다.

첫째, 의미의 공동화다. 사람들은 도구를 쓰지만, 왜 쓰는지 모른다. 시스템이 추천하니까, 상사가 지시하니까라며 해석의 기준 없이 실행만 반복되면, 업무는 기계적 수행으로 변한다. 성과는 나오지만 의미감은 증발한다.

둘째, 소진의 가속화다. 리듬 없이 속도만 추구하면, 사람들은 멈출 줄 모른다. AI가 24시간 작동하니, 사람도 24시간 대응해야 한다는 암묵적 압력이 형성된다. 회복 없는 생산성은 단기적으로는 효과적이지만, 중장기적으로는 조직 전체를 병들게 한다.

셋째, 신뢰의 붕괴다. 관계적 안전망 없이 성과 압력만 높아지면, 실패는 숨겨지고 문제는 개인화된다. "네가 시스템을 제대로 못 쓴 거야, 다른 사람은 다 하는데 너만 못하네"라며 책임은 개인에게 귀속되고, 학습 기회는 사라진다.

안전지대는 기술 도입의 부작용을 완충하는 심리적

쿠션이다. 이 쿠션 없이 충격을 직접 받으면, 조직은 빠르게 무너진다. 세 겹의 안전지대는 사치가 아니라 생존 조건이다.

마음의 핵은 같지만, 껍질은 바뀐다

도구와 프롬프트는 끊임없이 바뀐다. 내일은 더 정교한 모델이, 다음 주에는 또 다른 방식이 등장한다. 기술의 속도는 사람의 마음을 기다려주지 않는다. 때문에 아이러니하게도, 마음의 원리를 다루는 일은 더 절실해지고 있다.

그렇다면 마음의 원리는 정말 변하지 않는가. 이 질문은 이 책의 출발점이자, 방법론적 고민의 핵심이다. 결론부터 말하자면 불안, 소속, 성취 같은 감정의 핵심 구조는 동일하다. 그런데 그 감정이 작동하는 환경과 방식은 완전히 재편되었다. 마음의 핵은 같지만 껍질은 시대마다 교체된다.

과거의 불안은 생존과 직결되어 있었다. 맹수의 위협, 자원의 결핍, 공동체로부터의 배제. 불안은 즉각적 위험에 대한 경보였고, 그 신호는 명확했다. 도망치거나, 싸우거나, 숨는 것처럼 행동의 방향이 분명했다. 현재의 불안은 정보의 과잉에서 온다. 위협은 구체적이지 않고,

신호는 끊임없이 쏟아진다. 알림, 업데이트, 비교 대상, 변화의 속보와 같이, 불안은 더 이상 특정 대상을 향하지 않는다. 모든 방향에서 동시다발적으로 밀려온다. 이 기술을 배우지 않으면 뒤처질 것이다, 저 사람은 벌써 저만큼 갔다, 내일 또 무엇이 바뀔 것인가. 불안의 대상이 불명확할 때, 사람은 어디로 도망쳐야 할지 알 수 없다.

더 중요한 변화는 불안의 지속성이다. 과거의 불안은 위협이 사라지면 해소되었다. 현재의 불안은 해소되지 않는다. 하나의 업데이트를 따라잡으면 다음 업데이트가 기다리고, 하나의 기술을 익히면 그 기술은 곧 구식이 된다. 불안은 일시적 경보가 아니라 만성적 배경음이 되었다. 이 구조적 변화가 마음을 지치게 만든다.

소속감도 마찬가지다. 과거의 소속은 물리적 공간과 시간을 공유하는 것으로 확인되었다. 같은 마을, 같은 직장, 같은 팀. 얼굴을 마주하고, 밥을 함께 먹고, 시간을 나누는 것이 관계의 증거였다. 현재의 소속은 연결로 대체되었다. 물리적 거리는 사라졌지만, 심리적 거리는 오히려 멀어졌다. 메시지는 즉각 도착하지만, 응답은 지연되고, 그 지연은 불안을 낳는다. 읽음 표시는 있지만 답은 없다. 온라인 미팅은 얼굴을 보여 주지만, 감정은 전달되지 않는다. 카메라 너머의 표정은 해석하기 어렵고,

침묵의 의미는 불분명하다.

연결의 수는 늘었지만, 연결의 질은 얕아졌다. 소속감은 빈도가 아니라 깊이에서 온다. 500명의 연락처보다 3명의 신뢰가 더 강한 안정감을 준다. 그럼에도 디지털 환경은 양적 연결을 부추긴다. 네트워킹, 팔로잉, 리액션. 끊임없이 반응하고, 확인하고, 유지해야 하는 관계의 수가 늘어날 때, 사람은 오히려 고립감을 느낀다. 나는 이를 연결 피로(Connection Fatigue)라고 부른다. 연결되어 있지만 소속되어 있지 않은 상태-함께 있지만 혼자인 감각을 느끼는 것이다.

성취감은 노력과 결과 사이의 인과를 확인할 때 발생한다. 과거의 성취는 과정 중심이었다. 무언가를 배우고, 익히고, 완성하는 그 시간 동안의 몰입과 집중이 성취의 일부였다. 결과는 중요했지만, 과정 자체도 의미를 가졌다. 현재의 성취는 즉각적 반응으로 측정된다. 좋아요, 조회수, 반응 속도와 같이 결과는 실시간으로 집계되고, 비교는 즉각 이루어진다. 과정은 압축되거나 생략된다. 중요한 건 얼마나 빨리, 얼마나 많이 반응을 얻느냐다. 이 구조는 성취감의 반감기를 극도로 짧게 만든다. 어제의 성과는 오늘의 기준이 되고, 오늘의 성과는 내일 잊힌다.

더 심각한 문제는 성취의 주체가 모호해진다는 점이다. AI가 초안을 작성하고, 알고리즘이 추천을 하고, 시스템이 결정을 내릴 때, 내가 한 것의 경계가 흐려진다. 성과는 나왔지만, 그것이 내 능력인지 도구의 능력인지 구분하기 어렵다. 이 불명확성이 자기효능감을 약화시킨다. 성취는 있지만 성취감은 없는 역설이 생기는 것이다.

중요한 건, 이 세 가지 감정의 핵심 욕구 자체는 변하지 않았다는 사실이다. 사람은 여전히 안전을 원하고, 소속을 갈망하고, 성취를 추구한다. 하지만 그 욕구를 충족하는 방식은 과거의 방법으로는 작동하지 않는다. 불안을 없애려고 더 많은 정보를 습득하면 불안은 증폭된다. 소속감을 얻으려고 더 많은 사람과 연결되면 고립감이 커진다. 성취감을 느끼려고 더 빠르게 결과를 내면 공허함이 남는다.

이 책이 기술보다 마음을 먼저 다루는 이유는, 변하지 않는 원리를 찾기 위해서가 아니다. 변화한 환경 속에서도 여전히 유효한 중심을 세우기 위해서다. 욕구는 같지만 충족 방식은 달라져야 한다. 불안은 신호로 읽어야 하고, 소속은 깊이로 설계해야 하고, 성취는 과정으로 회복해야 한다. 기술은 세상을 바꾸지만, 마음은 그 변화이

의미를 결정한다.

이 책이 다루는 것

기술을 배우는 책은 이미 많다. 이 책은 기술이 남긴 마음의 흔적, 그 부작용(Side effect)을 다룬다. 과잉 정보는 인지 피로를 유발하고, 의사 결정의 외주화는 무력감을 초래한다. 성과는 상승하지만 의미감(Meaningfulness)은 하락한다. 이 책은 그 불균형을 재조정하는 심리적 루틴을 탐구한다.

통제 가능한 영역과 불가능한 영역을 구분하고, 실패를 데이터로 전환한다. 관계를 심리적 인프라로 재구축하고, 여백을 전략적 자원으로 활용한다. AI와의 협업 속에서 인간 고유의 역할을 재정의하고, 불확실성을 수용하는 심리적 메커니즘을 구축한다. 이를 통해 AI 시대의 심리적 운영 체제를 분석한다.

1장은 AX 시대의 불안을 현상과 구조로 해부한다. 불안을 제거의 대상이 아닌 읽을 수 있는 신호로 재정의한다. 2장은 통제 가능한 영역을 재설정한다. 시스템의 속도는 제어할 수 없지만, 개인과 조직의 태도와 리듬은 설계할 수 있음을 보여 준다. 3장은 실패를 학습 자산으로 전환하는 프레임을 제시한다. 오류 기록을 감시가 아닌 성장의 데이터로 바꾸는 언어 체계와 회고의 문법을 구축한다.

4장은 관계를 심리적 해독제로 다룬다. 심리적 안전과 공감의 생리학적 기반을 토대로, 조직 내 연결이 성과의 필수 조건임을 논증한다. 5장은 정보 과잉 시대의 인지적 여백 전략을 탐구한다. 덜 보기, 덜 반응하기, 깊이 해석하기로 이어지는 미니멀리즘의 실천 방법을 제안한다. 6장은 AI를 불완전하지만 보완적인 동료로 위치시킨다. 적정 신뢰의 설계, 상호 보완적 협업 구조, 감정의 거울로서의 AI 활용을 실무 사례로 풀어낸다.

7장은 자기효능감을 심리적 안전망으로 구축하는 방법을 다룬다. 성공 경험의 의도적 설계, 대리 학습과 사회적 지지의 구조화, 정서 조절 루틴을 과학적 근거와 함께 제시한다. 8장은 불확실성 수용을 훈련 가능한 역량으로 재해석한다. 예측의 강박에서 벗어나 탐색 역량을 키우며, 안티프래질(Antifragile) 관점을 의사 결정에 적용하는 방법을 다룬다.

9장은 감정 조절을 인식과 훈련의 과정으로 접근한다. 호흡, 주의 집중, 사고 전환의 신경 생리학적 효과를 탐구하며, 디지털 환경에서의 감정 소진과 회복 메커니즘을 설명한다. 10장은 신체의 지속 가능성을 재정의한다. 수면, 운동, 회복 리듬이 단기 성과가 아닌 장기 지속력의 토대임을 생리학적 언어로 조명하며, 기술 발전 속에서 느림의 필수성을 과학적으로 논증한다.

현장에서 나는 다섯 가지 흐름을 반복해서 목격했다. 첫째, 속도보다 리듬이다. 빠른 팀은 많았지만, 끝까지 가는 팀은 리듬을 가지고 있었다. 접속과 단절, 집중과 회복의 호흡이 없을 때 기술은 쉽게 스트레스로 변했다.

둘째, 정답보다 해석이다. 같은 데이터를 보고도 결론은 달랐다. 해석의 기준을 공유한 팀은 외부 변화에도 흔들리지 않았다.

셋째, 완벽보다 투명이다. 완벽함을 좇을수록 실패는 숨겨지고 학습은 멈췄다. 기록은 감시가 아니라 성찰의 방식이었다.

넷째, 도구보다 관계다. 성과는 시스템이 만들지만, 지속성은 관계가 만든다. 심리적 안전은 비용이 아니라 가능성을 여는 투자였다.

다섯째, 정보보다 의미다. 정보는 넘쳤지만, 의미는 희미했다. 의미를 되찾을 때 비로소 전략이 선명해졌다.

이 다섯 가지 원칙은 각 장의 뼈대이자, 실무 사례와 연구 근거로 뒷받침되는 현장의 법칙들이다.

이 책에서는 '사람'이라는 표현을 의도적으로 고집한

다. 기술 담론이 인간과 AI라는 이분법적 범주로 세계를 구획할 때, 우리는 정서와 맥락을 상실한다. 사람이라는 단어는 관계를 전제하며 감정을 내포한다. 단순한 수사적 선택이 아니라 관점의 문제다. AI를 의사 결정의 주체가 아닌 도구로 규정하는 이유도 동일한 맥락에 있다. 해석과 책임은 위임 불가능한 인간 고유의 영역이다. 기술은 계산을 담당하고, 사람은 의미를 구성한다.

기존 AI 담론은 크게 두 갈래로 나뉜다. 하나는 기술 낙관론이다. AI가 인간을 해방시키고, 창의성을 확장하고, 새로운 가능성을 열 것이라는 전망. 다른 하나는 기술 비관론이다. AI가 일자리를 빼앗고, 통제를 강화하고, 인간성을 훼손할 것이라는 경고. 둘 다 AI를 외부의 힘으로 본다. 우리에게 다가오는 변화, 우리가 맞서거나 받아들여야 할 대상.

이 책은 그 이분법을 비켜나가서 생각한다. AI는 외부가 아니라 이미 안에 있다. 우리의 판단, 습관, 관계 속에 스며들어 있다. 문제는 AI의 존재 자체가 아니라, AI와의 상호작용 속에서 사람이 어떻게 변하는가다. 낙관도 비관도 아닌, 관찰과 적응의 관점. AI를 도구로 쓰되, 그 도구가 나를 어떻게 바꾸는지를 의식하는 것. 이것이 이 책이 취하는 입장이다.

또한 기존 담론은 주로 조직과 산업 차원의 변화를 다룬다. 생산성, 효율성, 경쟁력. 이 책은 개인과 팀 차원의 심리를 다룬다. 불안, 소속, 통제감. 기술이 조직을 바꾸는 것은 분명하다. 그러나 그 변화가 사람의 마음에 남기는 흔적을 읽지 않으면, 우리는 성과는 올리되 지속 가능성은 잃는다. AX 시대의 진짜 과제는 기술 도입이 아니라 심리적 균형의 재설계다. 이 책은 그 재설계의 원리와 방법을 제시한다.

마치며

현장에서 여러 번 실패했다. 도입 일정에 맞추기 위해 조직의 리듬을 무시했고, 투명성보다 속도를 우선시해 학습 기회를 놓친 적도 있다. 이 과정을 통해 분명히 깨달은 점이 있다. 시스템은 교체할 수 있어도, 심리적 균형은 훈련으로만 유지된다는 사실이다.

이 책은 통계와 선행 연구, 구체적 실무 사례를 종합해 심리적 역동을 다각도로 살폈다. 추상 이론을 넘어서, 현실 속 실패와 전환 경험에서 나온 통찰과 적용법을 전한다.

총서로서 다양한 독자가 쉽게 이해하도록, 친근하면서도 깊이 있는 학술 근거를 담았다. 독자가 이 책을 덮을 때 두 가지를 얻길 바란다. 첫째, 스스로 심리적 안전지대를 설계할 수 있는 실마리, 그리고 AI 시대에도 흔들리지 않는 내면의 안정감이다. 둘째, 빠른 변화 속에서도 자신만의 해석 기준으로 주체적 대응 역량을 갖추는 것이다. 이는 개인과 조직의 지속 가능한 리듬을 만드는 핵심이다.

결국 이 책은 독자가 시스템 속도에 끌려가지 않고 자신만의 속도를 유지하며, AI를 도구로 활용해 새로운 시대에 균형 있게 적응하도록 실용적인 원리와 방법론을 제시한다.

AI는 사람의 능력을 확장하지만, 사람은 단지 능력으로만 정의되지 않는다. 감정과 관계, 의미가 빠진 성과는 지속 불가능하다. 안전지대는 현실 도피 공간이 아니라, 불확실한 세상에서 정체성을 지키는 심리적 기반이다.

이 기반을 세우는 일이 이 책의 목표다. 불안을 제거하려 하지 말고, 불안의 신호를 해독하며 자신의 언어로 재구성하라. 기술이 속도를 낼 때 우리는 리듬을 설계하고, 정보가 넘치면 여백으로 의미를 회복하라. 실패가 기록되면 데이터를 활용해 방향을 잡고, 불완전한 동료가 있다면 보완적 상호작용으로 협력 체계를 만들라.

AI 시대의 경쟁력은 지식 축적이 아닌 심리적 지구력

에 있다. 속도 추구가 아니라 정교한 해석, 정답 획득이 아니라 태도의 일관성에 달려 있다. 심리적 안전지대를 확보한 개인, 관계와 리듬을 설계하는 팀, 그리고 실패를 학습 자산으로 전환하는 조직이 미래를 지속한다. 이것이 이 책이 관찰하고 논증하는 핵심 명제다.

참고문헌

김난도 외(2025). 《트렌드 코리아 2026: 2026 대한민국 소비트렌드 전망》. 미래의창.

김주환(2011). 《회복탄력성: 시련을 행운으로 바꾸는 유쾌한 비밀》. 위즈덤하우스.

Frazier, M. L. et al.(2017). Psychological safety: A meta-analytic review and extension. *Personnel Psychology, 70*(1), pp.113~165.

Liu, S. et al.(2025). Human resilience in the AI era — What machines can't replace. arXiv preprint arXiv:2510.25218.

Pascoe, M. C. et al.(2021). Psychobiological mechanisms underlying the mood benefits of meditation: A narrative review. *Comprehensive Psychoneuroendocrinology, 6*, pp.329~343

Thakkar, A. et al.(2024). Artificial intelligence in positive mental health: A narrative review. *Frontiers in digital health, 6*, 1280235.

01
AX 시대의 불안

AI의 확산은 기술 혁신을 넘어 인간의 정체성과 감정 구조를 흔들고 있다. 생산성은 높아졌지만, 사람들은 자신이 대체될지도 모른다는 존재적 불안에 시달린다. AI 불안은 생존, 인지, 통제의 세 영역에서 작동하며, 단순한 기술 적응의 문제가 아니라 자율성과 의미의 상실로 이어진다. 결국 이 불안은 '나의 역할이 무엇인가'라는 존재에 대한 질문으로 수렴된다.

기후 위기와 인공지능?

기술이 아닌 존재의 문제

AI의 확산은 산업의 재편을 넘어 사람의 심리 구조를 바꾸고 있다. 과거의 자동화가 단순 반복 노동을 대체했다면, 지금의 AI는 사고와 판단의 층위로 침투한다. 한 글로벌 컨설팅펌의 10년 차 컨설턴트는 새로운 AI 도구가 자신이 3일 걸려 만들던 분석을 30분에 완성하는 걸 보고, 효율이 아니라 공허함을 느꼈다고 했다. 6개월 후 그는 팀 회의에서 자신의 의견이 점점 덜 요청된다는 걸 알아챘다. 이런 현상이 점진적 비가시화(Gradual Invisibility)다. 어느 날 갑자기 사라지는 게 아니라, 천천히 그러나 확실하게 존재감이 옅어지는 현상이다.

한국은행(2024)의 보고서에 따르면, 국내 노동자의 절반 이상이 이미 업무에 AI를 활용하고 있으며, 하루 한 시간 이상 사용하는 헤비 유저의 비율은 1년 사이 78% 증가했다. 한국정보화진흥원(2024)의 조사에서는 국내 성인의 68%가 AI로 인한 심리적 스트레스를 경험했다. 특히 30대 직장인은 74%에 달했다. 흥미롭게도 AI 활용 능력이 높은 집단일수록 불안도가 높게 나타났다. 기술을 잘 다루는 것이 안정감을 보장하지 않는다는 사실은, AI 시대의 불안이 역설적으로 숙련의 함정 속에서 자란다는 점을 시사한다.

생산성과 불안이 함께 상승하는 현상은 심리적 감속(psychological deceleration)으로 나타난다. 겉으로는 성과와 속도가 유지되지만, 내면의 동력은 서서히 감속한다. 성과를 내고 있음에도 내가 기여하고 있는가라는 질문이 사라지지 않는다. 2010년대 초반 클라우드 시스템 도입 때는 '이걸 배우면 살아남을 수 있을까'였지만, 2020년대 중반 생성형 AI 등장 이후에는 '이걸 배워도 내가 필요할까'로 질문이 바뀌었다. 이는 기술 전환이 아니라 존재론적 전환이다.

불안의 증폭 회로

AI 불안은 단일한 감정이 아니라 복합적인 심리 반응이다. 생존, 인지, 통제의 세 영역에서 작동하며, 이 세 층위는 서로를 증폭시키는 회로를 만든다.

생존 불안은 일자리를 잃을지도 모른다는 두려움에서 시작된다. 한 로펌의 중견 변호사는 AI가 법률 검토를 대신한 뒤 자신이 하는 일의 양이 줄어든 것을 존재 이유의 축소로 받아들였다. 생산성은 높아졌지만 스스로의 가치는 낮아졌다는 감각. 과거에는 실업이 해고 통보를 받거나 회사가 문을 닫는 명확한 사건이었다. AI 시대의 생존 불안은 점진적이다. 한 제조업체의 품질관리팀은 AI

비전 검사 시스템 도입 후 1년 사이 12명에서 4명으로 줄었다. 갑작스러운 해고가 아니라 서서히 증발하는 감축을 보게 되는 것이다.

인지 불안은 변화의 속도를 따라가지 못하는 데서 온다. AI 기술은 지수 함수적으로 발전하지만 사람의 인지는 선형적으로 움직인다. 불과 몇 달 전의 프롬프트 기법이 구식이 되고, 새로운 모델이 끊임없이 등장하는 환경에서 사람들은 자신이 영구적인 초보자(Permanent Beginner)가 된 듯한 느낌을 받는다. 한 개발팀장은 매일 아침 출근할 때마다 어제까지의 지식이 무용지물이 된 것 같다고 말했다. 노력해도 따라잡을 수 없다는 감각은 학습된 무기력으로 이어진다. 심리학자 앨버트 반두라(Albert Bandura)의 자기효능감(Self-efficacy) 이론에 따르면, 사람은 자신이 특정 과제를 성공적으로 수행할 수 있다는 믿음이 있을 때 학습 동기를 유지한다. 그런데 영구적 초보자 상태는 이 자기효능감을 근본적으로 훼손한다. 아무리 노력해도 숙련에 도달할 수 없다면, 노력 자체의 의미가 사라진다.

통제 불안은 자신이 아무것도 결정할 수 없다는 무력감에서 비롯된다. 한 금융기관의 심사 담당자는 과거에는 고객을 직접 만나 사업 계획서를 읽고 스스로 판단했지만, 지금은 AI가 산출한 점수를 확인하는 일만 남았다. 일은 남았지만 권한은 사라졌다. 심리학자 줄리안 로터(Julian B. Rotter, 1966)의 통제의 소재(Locus of Control) 이론에 따르면, 사람은 자신의 삶에 대한 통제감을 잃을 때 우울과 무기력을 경험한다. 더 문제적인 것은 권한 없는 책임의 역설이다. 시스템이 판단하지만 책임은 사람에게 남는 것이다.

이 세 층위의 불안은 독립적으로 작동하지 않는다. 일자리를 잃을지 모른다는 생존 불안은 모든 것을 배워야 한다는 강박으로 이어진다. 그런데 배워도 배워도 따라잡을 수 없다는 인지 불안이 생긴다. 인지 불안은 자신이 아무것도 통제할 수 없다는 무력감으로 연결된다. 통제 불안은 결국 나는 쓸모없어질 것이라는 생존 불안을 재확인한다. 나선형 악순환인 것이다. 이 회로가 반복될수록 불안은 기하급수적으로 증폭된다.

조직은 종종 이 회로를 가속화한다. AI 도구 교육을 제공하지만 실수를 용인하지 않는다. 실험을 요구하지만 실패를 처벌한다. 조직심리학자 그레고리 베이트슨(Gregory Bateson, 1972)은 이런 이중 메시지(Double Bind)가 극심한 심리적 스트레스를 유발한다고 설명했다. 동시에 만족시킬 수 없는 두 요구 사이에서 사람은 어떤 선택을 해도 실패할 수밖에 없다고 느낀다.

불안의 사회적 구조

AI 불안은 개인의 심리적 문제로만 환원될 수 없다. 이는 사회적으로 구성되고 조직적으로 증폭되는 구조적 현상이다. 특히 세대에 따라 불안은 다른 방식으로 나타난다.

Z세대는 AI에 익숙한 세대이지만, 오히려 가장 큰 정체성 혼란을 겪는다. 이들은 사회에 진입하기도 전에 대체 불가능한 능력을 요구받는다. 무엇이 나만의 강점인가라는 질문에 답하기 어렵다. 밀레니얼 세대는 이미 쌓은 전문성이 하루아침에 평가 절하되는 경험을 한다. 10년 동안 쌓은 분석 능력이 AI에게 30분이면 충분한 일이 된다. 자신이 투자한 시간과 노력의 가치가 부정당하는 것이다. X세대는 오랜 경험이 더 이상 의미를 갖지 못한다는 불안을 느낀다. 과거에는 경험이 권위였다. AI 시대에는 경험보다 적응 속도가 중요하다. 역설적으로, 가장 많이 아는 사람이 가장 배우기 어려워한다.

AI의 불투명성 또한 불안을 증폭시킨다. 인지심리학자 대니얼 카너먼(Daniel Kahneman, 2011)은 불안을 예측 불가능성에 대한 두려움으로 설명했다. AI의 작동 원리는 블랙박스와 같아, 입력과 출력은 알 수 있어도 그 사이의 판단 과정은 파악할 수 없다. 한 컨설턴트는 AI가 수천 개 변수를 분석해 결론을 제시하지만, 왜 그런 결과가 도출되었는지 설명할 수 없다고 했다. 자신이 전문가라기보다 '알고리즘의 번역기'로 기능하고 있다고 느낀다. 불투명성은 통제감을 근본적으로 훼손한다. 사람은 자신이 이해할 수 있는 것만 통제할 수 있다고 느낀다. 이해할 수 없는 시스템에 의존할 때, 사람은 수동적 관찰자로 전락한다.

불안을 신호로 읽는 기술

불안은 제거해야 할 감정이 아니라 해독해야 할 신호다. 진화심리학적 관점에서 불안은 생존을 위한 경보 시스템이다. 위협을 감지하고, 행동을 준비시키며, 주의를 집중시킨다. 문제는 현대의 불안이 원시시대의 위협과 다른 방식으로 작동한다는 점이다. 맹수의 위협은 구체적이고 즉각적이었다. AI 시대의 불안은 모호하고 지속적이다. 무엇으로부터 도망쳐야 하는지, 무엇과 싸워야 하는지가 불분명하다.

심리학자 앨버트 엘리스(Albert Ellis)의 합리 정서 행동 치료(REBT) 이론에 따르면, 감정은 사건 자체가 아니라 그 사건을 해석하는 신념에서 비롯된다. 불안을 성장의 신호로 인식하는 사람은 위기를 통제 가능한 영역으로 되돌린다. 불안을 신호로 읽는 첫 단계는 불안의 종류를 구별하는 것이다.

한 IT 기업의 중견 개발자는 회사가 AI 자동화를 도입한다는 소식을 듣고 생존 불안을 느꼈다. 그는 불안을 없애려 하지 않았다. 대신 신호를 읽었다. 지금 회사에만 의존하는 것은 위험하다는 경고로 받아들였다. 그는 6개월치 생활비를 저축하고, 다른 산업으로 이직할 수 있는 기술을 병행 학습하기 시작했다. 역설적으로 대비가 갖춰지자 불안은 줄어들었다. 불안이 요구한 것은 회사를 떠나는 것이 아니라, 떠날 수 있는 선택지를 확보하는 것이었다.

한 디자이너는 매일 쏟아지는 AI 도구 업데이트를 모두 따라가려다 소진되었다. 인지 불안이 오자 그는 전략을 바꿨다. 1년에 하나의 도구만 깊게 배우기로 했다. 넓게가 아니라 깊게. 그 하나를 완전히 이해하면 다른 도구도 쉽게 배울 수 있다는 걸 발견했다. 모든 것을 따라잡지 못한다는 불안은 남았지만, 하나라도 제대로 이해한다는 확신이 생겼다.

한 보험 언더라이터는 AI가 심사의 80%를 자동화한 이후 통제 불안을 느꼈다. 그는 상사와 면담을 요청했다. AI가 처리하는 영역과 자신이 판단하는 영역을 명확히 구분하자고 제안했다. 그 결과 그의 역할은 예외 케이스 전문가로 재정의되었다. 양은 줄었지만 깊이는 커졌다. 그는 숫자를 처리하는 사람이 아니라 의미를 해석하는 사람이 되었다.

불안을 번역하는 핵심 원칙은 통제 가능한 영역에 집중하는 것이다. 시스템의 업데이트 속도는 내가 통제할 수 없다. 하지만 내가 어떤 업데이트에 반응할지는 통제할 수 있다. 조직의 AI 도입 결정은 내가 통제할 수 없다. 그러나 그 안에서 내 역할을 어떻게 재정의할지는 통제할 수 있다. 불안을 신호로 읽는다는 것은 바로 이 통제 가능성을 회복하는 작업이다.

정체성의 재조정

이 불안의 본질을 이해하기 위해 모라벡의 역설(Moravec's Paradox)을 떠올릴 수 있다. 로봇공학자 한스 모라벡(Hans Moravec, 1988)은 AI에게 어려운 것은 인간에게 쉽고, AI에게 쉬운 것은 인간에게 어렵다고 설명했다. 계산이나 분석은 기계가 뛰어나지만 감정, 관계, 맥락 이해는 여전히 사람의 영역이다. 아이러니하게도 현실에서는 오히려 이 역설이 뒤집혀 나타난다. 조직은 감정의 깊이보다 생산성의 속도로 사람을 평가한다. 품질이 아니라 속도로 평가받는 순간, 사람의 강점은 약점이 된다.

비슷한 맥락에서 언캐니 밸리(Uncanny Valley) 현상도 AI 불안을 설명한다. 로봇공학자 모리 마사히로(Mori Masahiro, 1970)가 제안한 이 개념은, 인간과 너무 비슷한 인공물은 오히려 불쾌함을 유발한다는 이론이다. 생성형 AI가 만든 문장이나 이미지가 완벽할수록 사람은 묘한 불편함을 느낀다. 이는 나와 AI의 경계가 어디까지인가라는 존재론적 질문으로 이어진다. 기술이 나를 닮아갈수록, 나의 고유성(Authenticity)은 희미해진다.

결국 AI 시대의 불안은 정체성의 재조정이다. 조직심리학자 에드가 샤인(Edgar Schein, 1978)은 경력 앵커(Career Anchor) 이론에서 사람은 변화 속에서도 자신의 핵심 가치를 유지하려 한다고 설명했다. 앞서 언급한 보험 언더라이이터는 자신의 경력 앵커가 기술적 능력이 아니라 복잡한 문제 해결이라는 걸 발견했다. AI가 단순한 것을 처리하면, 그는 복잡한 것을 다룬다. 역할은 바뀌었지만 정체성은 유지되었다. 오히려 더 명확해졌다.

AI 시대의 불안은 성장의 신호다. 지금의 역할이 더 이상 작동하지 않는다는 알람이 울릴 때, 그 알람을 끄는 대신 무엇이 바뀌어야 하는지를 묻는 순간이 전환점이 된다. 현장에서 수많은 조직과 개인이 이 신호 앞에서 멈추거나, 반대로 도약하는 장면을 봐 왔다. 멈춘 사람들은 두려움을 관리하려 했고, 도약한 사람들은 두려움을 해석했다. 불안을 제거하려 한 것이 아니라, 그 불안을 언어화해 성장의 설계도로 바꿨다.

AI가 만들어 낸 불확실성의 시대에 필요한 것은 두려움을 없애는 기술이 아니라, 두려움 속에서도 움직이는 힘이다. 마음의 안전지대란 불안을 없애는 공간이 아니라, 불안을 견디며 의미를 재구성하는 내면의 구조다. 다음 장에서는 그 구조를 어떻게 설계할 것인가, 심리적 안정감의 작동 원리를 탐구한다. 불안의 언어를 성장의 언어로 번역하는 일이 지금 시대를 살아가는 사람들에게 필요한 새로운 문해력이다.

참고문헌

원미영(2024.4.9). "강제 출근이냐 자율이냐, 'Work Your Way' 시대의 선택". ZDNet Korea. https://zdnet.co.kr/view/?no=20250409084833

한국언론진흥재단 미디어연구센터(2025). 「생성형 AI 확산에 따른 AI 불안 경험 및 인식」. 미디어 서베이 2025년 5호 보도자료. 한국언론진흥재단.

한국은행(2024). "AI의 빠른 확산과 생산성 효과". 《BOK 이슈노트》, 2025-22.

Bandura, A.(1977). Self-efficacy: Toward a unifying theory of behavioral change. *Psychological Review, 84*(2), pp.191~215.

Bateson, G.(1972). *Steps to an Ecology of Mind.* University of Chicago Press.

Kahneman, D.(2011). *Thinking, Fast and Slow.* Farrar, Straus and Giroux. 이창신 옮김(2018). 《생각에 관한 생각》. 김영사.

Moravec, H.(1988). *Mind Children: The Future of Robot and Human Intelligence.* Harvard University Press.

Mori, M.(1970). The Uncanny Valley. *Energy, 7*(4), pp.33~35.

Rotter, J. B.(1966). Generalized Expectancies for Internal versus External Control of Reinforcement. *Psychological Monographs, 80*(1), pp.1~28.

Schein, E. H.(1978). Career dynamics: Matching individual and organizational needs. Addison-Wesley.

02
불안을 잠재우는 심리적 안정감

AI 시대를 살아가는 우리는 기술의 속도보다 더 빠르게 흔들리는 마음을 마주한다. 생산성은 오르지만 마음의 평정은 낮아진다. 이제 사람들은 AI가 나를 대체할까가 아니라, 이 기술 속에서 어떻게 나답게 존재할 수 있을지를 묻는다. 불안을 이해하고 다룰 때, 비로소 심리적 안정감이 시작된다.

노래하는 AI 보컬?

불안을 아는 것과 다루는 것

불안을 이해하는 것과 불안 속에서 안정감을 유지하는 것은 다른 문제다. 많은 사람들이 자신의 불안을 정확히 인식한다. 일자리가 불안하다는 것을, 변화 속도를 따라잡지 못한다는 것을, 통제권이 점점 줄어든다는 것을 안다. 그런데 그 다음이 막막하다. 인식했지만 어떻게 대응해야 할지 모른다.

한 IT 기업의 프로젝트 매니저는 자신의 상황을 명확히 알고 있었다. AI가 일정을 자동으로 조정하고, 리소스를 배분하며, 리스크를 예측하는 시스템이 도입된 후 그는 자신이 점점 승인 버튼만 누르는 사람이 되고 있다고 느꼈다. 주체성이 흔들리고 있다는 걸 알았다. 그런데 그 다음이 막막했다. 시스템을 거부할 수도 없고, 회사 정책을 바꿀 수도 없다. 불안을 인식했지만 어떻게 대응해야 할지 몰랐다. 그가 필요했던 것은 불안의 해독이 아니라 심리적 안정감의 구축이었다.

심리적 안정감은 불안이 없는 상태가 아니다. 불안 속에서도 중심을 잃지 않는 상태다. AI 시대를 살아가는 우리는 기술의 속도보다 더 빠르게 흔들리는 마음을 마주한다. 생산성은 오르지만 마음의 평정은 낮아진다. 이제 사람들은 AI가 나를 대체할까가 아니라, 이 기술 속에서 어떻게 나답게 존재할 수 있을지를 묻는다. 이 장에서는 불안을 이해한 다음 단계, 즉 불안 속에서도 흔들리지 않는 심리적 안정감을 구축하는 구체적 방법을 다룬다.

통제의 심리학

심리적 안정감의 핵심은 통제감이다. 하버드대 심리학자 엘렌 랭어(Ellen Langer, 1975)는 통제의 착각(Illusion of Control) 연구에서 흥미로운 사실을 발견했다. 사람은 통제할 수 있다고 믿는 한, 실제 통제력의 크기와 상관없이 평정을 유지한다. 복권을 직접 고르는 것과 무작위로 받는 것의 당첨 확률은 같다. 그럼에도 직접 고른 사람은 자신의 복권을 더 높은 가격에 팔려 한다. 통제했다는 믿음이 가치를 높인 것이다. 통제는 실체가 아니라 믿음의 구조다.

AI 시대의 사람은 기술을 다루면서 동시에 그 기술에 의존한다. 스마트폰, 메신저, 알고리즘 추천, 챗봇과 같은 기술을 우리는 하루에도 수십 번 신뢰하면서, 동시에 그 기술이 나보다 더 똑똑하다는 사실에 불안을 느낀다. 이 이중적 관계는 마음의 구조를 불안정하게 만든다. 문제는 AI의 확산이 통제의 믿음을 점점 약화시킨다는 점이다. AI는 통제를 대신하는 기술이지만, 사람은 통제의 감각을 빼앗긴다고 느낀다.

기술의 속도는 일정하지만, 사람의 집중은 유한하다. AI가 도입된 조직에서 효율성은 높아지지만, 정서적 무력감은 커진다. 알고리즘이 판단을 대신하고, 데이터가 성과를 측정하며, 사람의 개입은 점점 줄어든다. 최근 EY(2025)의 "Agentic AI in the Workplace Survey"에 따르면, AI 협업 도구를 사용하는 직원의 56%가 'AI와 함께 일하면서 직업 안정성에 대한 불안을 느낀다'고 응답했다. 또한 OECD(2023) 보고서 'The Impact of AI on the Workplace'에서는 AI 도입 이후 많은 직원이 의사 결정 과정에서 자신의 의견이 의미를 잃었다고 인식한다는 결과를 제시한다.

효율은 증가하지만 자율성은 감소한다. 기술이 인간의 판단을 대신할수록, 사람은 나는 여전히 의미 있는 존재인가라는 질문과 마주한다. 이는 외적 통제 소재로의 이동이다. 내가 아니라 시스템이 결과를 결정한다는 믿음이 생기고, 이 믿음이 강화될수록 심리적 안정감은 무너진다.

학습된 무기력에서 디지털 무기력으로

심리학자 마틴 셀리그먼(Martin Seligman, 2018)은 학습된 무기력(Learned Helplessness) 이론을 통해 통제의 상실감이 행동을 정지시킨다고 밝혔다. 그의 실험은 충격적이었다. 개를 두 그룹으로 나눠 한 그룹에는 전기 충격을 피할 수 있는 버튼을 주고, 다른 그룹에는 아무것도 주지 않았다. 처음에는 두 그룹 모두 충격을 피하려 노력했다. 그러나 통제할 수 없는 자극을 반복적으로 경험한 그룹은 나중에 버튼이 주어져도 시도조차 하지 않았다. 통제할 수 없다는 학습이 행동을 정지시킨 것이다.

AI 환경에서도 이 현상은 디지털 방식으로 재현된다. 사람은 AI가 더 정확하다는 전제를 받아들이며 판단을 접고, 점차 내가 해도 소용없다는 인식이 강화된다. 이는 단순히 AI가 대신해서가 아니라, 통제권이 사라졌기 때문이다. 이는 셀리그먼의 학습된 무기력이 디지털 환경에서 재현된 현상이다

한 데이터 분석가의 사례를 보자. 그는 10년 동안 데이터를 읽고 인사이트를 도출하는 일을 해 왔다. 회사가 AI 분석 도구를 도입한 후 그의 역할은 AI가 생성한 리포트를 검토하는 것으로 축소되었다. 처음에는 AI의 분석을 꼼꼼히 검토하고 수정했다. 그런데 3개월 후, 그는 AI의 분석이 대부분 정확하다는 걸 알게 되었다. 자신이 수정한 부분도 결국 AI의 판단이 맞았다는 피드백을 여러

번 받았다. 6개월 후, 그는 더 이상 꼼꼼히 검토하지 않았다. AI가 더 정확하다는 걸 알면서도, 내가 다시 검토하는 게 의미 있을까 싶어서였다. 이 감정은 실패의 결과가 아니라, 내가 관여하지 않아도 결과가 정해진다는 인식에서 비롯된 탈진이었다.

디지털 무기력의 위험은 능력의 상실이 아니라 시도의 포기다. 능력은 여전히 있지만, 그 능력을 발휘할 이유를 찾지 못한다. 결국 불안은 대체의 두려움보다 통제력의 상실에서 더 강하게 자란다. 무기력은 능력의 부족이 아니라, 관여감의 상실에서 비롯된다.

통제 가능한 영역의 설계

심리적 안정감을 구축하는 첫 단계는 통제 가능한 것과 불가능한 것을 구분하는 것이다. 인지 행동 치료(CBT)에서도 불안을 다루기 위해 통제 가능한 것과 불가능한 것을 구분하는 훈련을 핵심 전략으로 제시한다(Barlow, 2022). 세상은 불확실하고, 변화는 통제할 수 없다. 다행히 그 변화에 대한 해석은 여전히 사람의 영역이다. 기술의 속도를 멈출 수는 없어도, 그 속도에 휘둘리지 않는 내적 리듬은 조절할 수 있다.

리처드 라자루스(Richard Lazarus)와 수전 폴크먼

(Susan Folkman, 1984)의 스트레스 평가 모델(Transactional Model of Stress and Coping)에서도 사람은 자극 자체보다 그것을 어떻게 평가(Appraisal)하느냐에 따라 감정을 다르게 경험한다고 설명한다. 같은 변화라도 위협으로 볼 수도, 성장의 기회로 해석할 수도 있다. 불안의 본질은 외부 사건이 아니라, 그 사건을 해석하는 내부 구조다. 이 모델은 두 단계의 평가를 제시한다.

1차 평가는 이 상황이 나에게 위협인가, 기회인가를 판단하는 단계다. AI 도구 도입이라는 동일한 사건도 어떤 사람에게는 일자리 위협으로, 어떤 사람에게는 업무 효율화 기회로 평가된다. 2차 평가는 내가 이 상황에 대처할 자원이 있는가를 판단하는 단계다. 대처 자원이 충분하다고 평가하면 스트레스는 낮아지고, 부족하다고 평가하면 스트레스는 높아진다. 중요한 것은 두 평가 모두 객관적 사실이 아니라 주관적 해석이라는 점이다.

앞서 언급한 프로젝트 매니저는 6개월간 고민 끝에 자신만의 통제 가능 영역을 재설정했다. 그는 AI가 제안하는 일정과 리소스 배분을 그대로 받아들이는 대신, 세 가지 질문을 스스로에게 던지기 시작했다. 첫째, 이 일정이 팀의 실제 역량을 반영하는가? 둘째, AI가 놓친 리스크는 없는가? 셋째, 이 계획이 팀원들의 성장에 도움이 되는가? AI는 데이터를 분석하지만 팀의 숨겨진 역량이나 개인의 성장 욕구까지는 읽지 못한다. 그는 AI의 제안을 검토하고, 때로는 수정하고, 그 이유를 팀에게 설명하기 시작했다. 판단의 양은 줄었지만 판단의 의미는 커졌다. 그는 승인자가 아니라 해석자가 되었다.

태도의 설계

AI 시대의 통제 가능한 영역은 기술이 아니라 태도다. 배우는 방식, 반응하는 태도, 집중의 방향을 결정하는 힘이 우리의 리듬이다. 통제는 완전한 지배가 아니라 자기 인식의 확장이다.

한 콘텐츠 크리에이터는 AI가 초안을 작성하는 시대에 자신의 통제 가능 영역을 다시 정의했다. AI가 쓴 글을 그대로 사용하는 대신, 그는 세 가지 영역에서 개입했다. 첫째, 톤앤매너 – AI는 정확하지만 개성이 없다. 그는 AI가 쓴 문장을 자신의 목소리로 다시 썼다. 둘째, 맥락 – AI는 일반적 정보는 잘 다루지만 특정 독자층의 맥락은 놓친다. 그는 독자가 궁금해할 질문을 추가하고, 예상되는 반론을 다뤘다. 셋째, 연결 – AI는 개별 정보를 제시하지만 정보 간의 의미 있는 연결은 사람이 만든다. 그는 여러 정보를 엮어 새로운 통찰을 만들었다.

6개월 후, 그의 콘텐츠 생산량은 AI 도입 전과 비슷했다. 하지만 만족도는 달랐다. AI 도입 초기에는 빠르게 많은 글을 쓸 수 있어서 좋았지만, 동시에 내가 쓴 건지 AI가 쓴 건지 모르겠다는 공허함이 있었다. 이제는 AI가 기초 작업을 하고 내가 의미를 더한다는 명확한 역할 구분이 생겼다. 양은 비슷하지만 의미는 커졌다. 통제 가능한 영역을 재설정한 것이 심리적 안정감을 회복시켰다.

작은 개입의 힘

디지털 무기력의 악순환을 끊는 방법은 단순하다. 작게라도 다시 개입하는 것이다. AI가 제안한 결과를 그대로 수용하지 않고, 그중 하나를 수정하거나 질문을 바꾸는 행동 자체가 아직 선택할 수 있다는 감각을 되살린다. 통제의 회복은 거대한 변화가 아니라, 미세한 개입에서 시작된다.

심리학자 로버트 치알디니(Robert Cialdini)의 설득의 심리학에서 나오는 일관성의 원리(Consistency Principle)를 응용할 수 있다. 사람은 자신의 과거 행동과 일관되게 행동하려는 경향이 있다. 작은 개입이라도 한 번 시작하면, 그 다음에도 개입하려는 동기가 생긴다. 처음에는 AI

의 추천 중 하나만 수정하는 것으로 시작해도, 점차 더 많은 영역에서 자신의 판단을 개입시키게 된다.

앞서 언급한 데이터 분석가는 이 원리를 활용했다. 그는 매일 AI가 생성한 리포트 중 단 하나의 수치만 직접 검증하기로 했다. 모든 것을 다시 분석하는 건 불가능했지만, 하나는 가능했다. 2주 후, 그는 흥미로운 패턴을 발견했다. AI가 놓친 이상값이 있었다. 작았지만 중요한 신호였다. 그는 이를 팀에 공유했고, 실제로 문제를 조기에 발견하는 데 기여했다. 이 경험은 그의 통제감을 회복시켰다. AI는 대부분 정확하지만 완벽하지 않다. 그리고 그 불완전함을 보완하는 것이 자신의 역할이라는 걸 확인했다. 작은 개입이 의미를 되찾게 했다.

조직의 심리적 안전망

AI로 인한 불안은 개인의 심리 문제가 아니라, 조직의 심리 설계 문제다. 같은 기술을 도입해도 어떤 조직은 안정적으로 적응하고 어떤 조직은 혼란을 겪는다. 차이는 시스템이 아니라 언어의 설계에 있다.

언어가 감정을 결정한다

조직심리학자 칼 와익(Karl Weick)의 센스메이킹(Sensemaking) 이론에 따르면, 조직 구성원은 불확실한 상황에서 집단적으로 의미를 구성한다. 조직이 어떤 언어로 변화를 설명하느냐가 구성원의 감정과 행동을 결정한다. AI를 효율의 도구로만 설명한 조직은 불안을 키웠고, 판단의 보조자로 정의한 조직은 자율성을 강화했다. 기술이 아니라 언어가 감정을 결정하는 것이다.

구글은 내부 AI 원칙에서 "AI는 사람을 대체하는 존재가 아니라, 인간의 판단을 보조하고 확장하는 도구"라고 명시하고 있다(Google AI Principles, 2024). 즉, 기술의 역할은 의사 결정이 아니라 지원이다. 의미를 구성하고 책임을 지는 주체는 여전히 사람이다. 결정의 주체는 여전히 사람임을 명확히 선언하는 조직일수록 구성원의 자율성과 소속감이 유지된다. 마이크로소프트는 AI 코파일럿을 도입하면서 코파일럿(Copilot)이라는 용어를 선택한 것도 같은 맥락이다. 파일럿은 사람이고, AI는 보조자라는 역할 구분을 언어로 명확히 했다.

반면 한 금융기관은 AI를 "업무 자동화 시스템(automation system)"으로 소개했다. 자동화라는 단어가 대체(replacement)를 연상시켰고, 그 인식이 조직 내 정서적 반응을 자극했다.

심리적 안정감의 조직적 구축

하버드 경영대학원의 에이미 에드먼슨(Amy Edmondson, 1999)은 심리적 안전감(Psychological Safety, 이 책에서는 '심리적 안정감'으로 통칭)을 팀 구성원이 대인 관계 위험을 감수해도 안전하다고 믿는 팀 분위기로 정의했다. 실수를 했을 때 비난받지 않을 것이라는 믿음, 질문을 해도 무시당하지 않을 것이라는 확신. 이런 분위기가 있는 팀은 AI 도입 과정에서도 불안을 성장으로 전환한다.

한 제조업체의 사례를 보자. AI 품질 검사 시스템 도입 후 초기 3개월간 오류율이 15% 높았다. 그런데 이 회사는 오류를 처벌하지 않았다. 대신 매주 오류 리뷰 미팅을 열어 AI가 왜 틀렸는지, 사람이 왜 놓쳤는지를 함께 분석했다. 비난 없는 학습이었다. 6개월 후, 팀원들은 AI의 판단을 맹목적으로 따르지 않고 적극적으로 질문하기 시작했다. "AI가 이상 없다고 했지만 제가 보기엔 이상해 보여서요"라는 질문이 가능했던 건 틀려도 괜찮다는 심리적 안정감이 있었기 때문이다. 1년 후, 이 팀의 품질 오류율은 AI 도입 전보다 더 낮아졌다. AI의 정확성과 사람의 판단이 상호 보완한 결과였다.

반면 원칙이 불분명한 조직에서는 AI가 불안을 증폭시키며 무기력을 유발한다. 한 광고 대행사는 AI 카피라

이팅 도구를 도입하면서 구성원에게 이제 더 빠르게, 더 많이 만들 수 있다고만 말했다. 하지만 무엇이 좋은 카피인지, AI가 만든 것을 어떻게 판단할지에 대한 기준은 제시하지 않았다. 3개월 후, 팀원들은 AI가 만든 카피를 그대로 사용하기 시작했다. 모두가 원하는 건 속도였기 때문이다. 결과적으로 양은 늘었지만 질은 떨어졌다. 더 심각한 건 크리에이티브로서의 정체성이 흔들렸다는 점이다. 내가 뭘 하는 사람인지 모르겠다고 토로하는 사람이 생겨났고, 1년 후 이 팀은 핵심 인재 3명을 잃었다.

결국 AI의 성공적 도입은 기술의 문제가 아니라 심리적 설계의 문제다. 조직이 구성원의 통제감을 어떻게 설계하느냐에 따라 AI는 불안의 원천이 될 수도, 성장의 동반자가 될 수도 있다.

마음의 안전지대를 세우는 법

심리적 안정은 세상을 완전히 통제할 때가 아니라, 통제할 수 없다는 사실을 받아들이는 순간 시작된다. 사람은 불확실성을 없앨 수 없지만, 그 안에서 선택 가능한 영역을 정립할 수 있다. 내가 할 수 있는 일과 할 수 없는 일을 구분하고, 그 경계 안에서 집중할 대상을 정하는 순간 중심이 회복된다.

반복적 판단을 대신하는 AI 시대일수록, 사람의 역할은 판단, 설득, 관계로 이동한다. AI는 패턴을 찾지만 맥락을 읽는 건 사람이다. AI는 옵션을 제시하지만 선택하는 건 사람이다. AI는 정보를 처리하지만 의미를 만드는 건 사람이다. 이 역할 구분이 명확할 때 통제감은 회복된다.

마음의 안전지대는 외부에 있지 않다. 불안을 잠재우는 방법은 세상을 바꾸는 것이 아니라, 그 세상 속에서 자신을 잃지 않는 법을 배우는 일이다. 세상의 속도를 늦출 수는 없지만, 그 속도 안에서 흔들리지 않는 리듬을 세울 수 있다. 그것이 AI 시대의 평정이며, 회복의 기술이다.

심리적 안정감을 구축하는 과정은 순탄하지 않다. 시도하고, 실패하고, 다시 시도하는 과정이 필연적으로 따른다. 실패는 불안을 증폭시킬 수도 있고, 학습의 기회가 될 수도 있다. 심리적 안정감은 실패를 두려워하지 않을 때 비로소 완성된다.

참고문헌

원미영(2024.4.9). "강제 출근이냐 자율이냐, 'Work Your Way' 시대의 선택". ZDNet Korea. https://zdnet.co.kr/view/?no=20250409084833

한국언론진흥재단 미디어연구센터(2025). 「생성형 AI 확산에 따른 AI 불안 경험 및 인식」. 미디어 서베이 2025년 5호 보도자료. 한국언론진흥재단.

한국은행(2024). "AI의 빠른 확산과 생산성 효과". 《BOK 이슈노트》, 2025-2

KISTEP(2025). "AI와 함께 살아갈 세상: 불안과 희망". 한국과학기술기획평가원.

American Psychological Association(2023). Stress in America 2023: A nation recovering from collective trauma. APA.

Barlow, D. H.(2002). *Anxiety and Its Disorders: The Nature and Treatment of Anxiety and Panic*. Guilford Press.

Edmondson, A.(1999). Psychological Safety and Learning Behavior in Work Teams. *Administrative Science Quarterly, 44*(2), pp.350~383.

EY(2025, October 23). EY Agentic AI in the Workplace Survey. https://www.ey.com/en_us/newsroom/2025/10/new-ey-survey-reveals-majority-of-workers-are-enthusiastic-about-agentic-ai-but-leader

Google(2024). Google AI Principles. https://ai.google/principles

Kahneman, D.(2011). *Thinking, Fast and Slow*. Farrar, Straus and Giroux. 이창신 옮김(2018). 《생각에 관한 생각》. 김영사.

Langer, E. J.(1975). The Illusion of Control. *Journal of Personality and Social Psychology, 32*(2), pp.311~328.

Lazarus, R. S. & Folkman, S.(1984). *Stress, Appraisal, and Coping*. Springer.

Microsoft (2024). What is Microsoft Copilot? https://www.microsoft.com/en-us/microsoft-copilot/for-individuals

OECD(2023). The impact of AI on the workplace: Main findings

from the OECD AI surveys of employers and workers. OECD Publishing.
https://www.oecd.org/content/dam/oecd/en/publications/reports/2023/03/the-impact-of-ai-on-the-workplace-main-findings-from-the-oecd-ai-surveys-of-employers-and-workers-en.pd

Rotter, J. B.(1966). Generalized Expectancies for Internal versus External Control of Reinforcement. *Psychological Monographs, 80*(1), pp.1~28.

Seligman, M. E. P.(2018). *The Hope Circuit: A Psychologist's Journey from Helplessness to Optimism.* PublicAffairs.

03
실패의 기록, 학습의 자산

AI 시대의 실패는 결함이 아니라 인식의 균열이다. 기술은 완벽을 지향하지만, 사람은 불완전함 속에서 배운다. 실패는 효율의 반대가 아니라 성찰의 조건이다. 이 장은 오류를 제거해야 할 대상이 아닌, 이해해야 할 언어로 본다. 감시의 데이터가 아닌 학습의 기록으로 실패를 해석할 때, 사람은 비로소 회복의 가능성을 발견한다.

인공지능과 편향?

실패의 재구성

AI 시대의 역설은 이것이다. 모든 것이 기록되는 시대에 실패는 더욱 은폐된다. 로그, 보고서, 알고리즘 피드백 등 시스템은 모든 오류를 데이터로 남긴다. 사람은 그 데이터를 두려워한다. 완벽하지 않으면 안 된다는 압박이 커지고, 실수는 능력 부족의 증거로 해석된다. 투명성은 효율을 높이지만 동시에 심리적 부담을 만든다.

한 글로벌 IT 기업의 개발팀은 AI 기반 코드 리뷰 시스템을 도입했다. 시스템은 모든 커밋을 분석하고, 오류를 자동으로 감지하고, 개선 제안을 실시간으로 제공했다. 효율성은 올랐다. 그런데 6개월 후, 팀의 혁신성은 떨어졌다. 개발자들은 새로운 시도를 꺼리기 시작했다. 한 시니어 개발자는 이렇게 말했다. "시스템이 모든 걸 기록하니까 실험적인 코드를 짜기가 부담스럽고, 틀리면 그게 다 남잖아요"라고 말이다. 실패의 기록이 감시로 작동한 것이다.

반면 같은 시스템을 도입한 다른 팀은 정반대의 결과를 보였다. 이 팀은 매주 오류 회고 미팅을 열었다. AI가 감지한 오류를 함께 리뷰하고, 왜 그런 오류가 발생했는지, 무엇을 배울 수 있는지를 논의했다. 오류는 처벌의 근거가 아니라 학습의 재료였다. 1년 후, 이 팀의 혁신

지표는 이전보다 상승했다. 실패의 기록이 학습으로 작동한 것이다.

차이는 기술이 아니라 해석이었다. 하버드 비즈니스 리뷰(HBR, 2024)는 실패 경험을 공개적으로 공유한 조직이 그렇지 않은 조직보다 혁신 성과가 28% 높다고 보고했다. 실수를 숨기는 조직은 정체되고, 드러내는 조직은 학습한다. 실패는 두려움이 아니라 학습의 재료다. 심리학에서는 이를 인지적 자산(Cognitive Asset)이라 부른다. 실패를 기록하고 해석할 때, 사람은 자신의 한계를 외면하지 않고 확장한다.

실패의 심리학

실패의 세 가지 해석

심리학자 캐롤 드웩(Carol Dweck, 2006)의 성장 마인드세트(Growth Mindset) 이론에 따르면, 사람은 실패를 해석하는 방식에 따라 두 부류로 나뉜다. 고정 마인드세트를 가진 사람은 실패를 능력의 한계로 해석한다. 나는 이걸 못하는 사람이야. 성장 마인드세트를 가진 사람은 실패를 학습의 과정으로 해석한다. 아직 이걸 못할 뿐이야. 단어 하나의 차이지만, 심리적 결과는 완전히 다르다.

조직심리학자 버나드 와이너(Bernard Weiner, 1985)의 귀인 이론(Attribution Theory)은 이를 더욱 정교화한다. 사람은 실패의 원인을 세 차원에서 평가한다. 첫째, 내적-외적 차원. 실패가 내 능력 부족 때문인가, 아니면 상황 때문인가. 둘째, 안정-불안정 차원. 이 원인이 계속 유지될 것인가, 아니면 변할 것인가. 셋째, 통제-비통제 차원. 내가 이 원인을 통제할 수 있는가, 없는가.

실패를 내적-안정-비통제로 귀인하는 사람은 무기력에 빠진다. 내 능력이 부족하고, 그건 바뀌지 않을 것이고, 내가 통제할 수도 없다. 반면 실패를 내적-불안정-통제로 귀인하는 사람은 다시 시도한다. 내 노력이 부족했지만, 다음엔 더 노력할 수 있고, 그건 내가 통제할 수 있다. 같은 실패도 어떻게 해석하느냐에 따라 무기력의 시작이 될 수도, 성장의 계기가 될 수도 있다.

한 마케팅 팀장은 AI 기반 캠페인 도구를 사용해 첫 캠페인을 진행했다. 결과는 예상보다 30% 낮았다. 처음에 그는 자책했다. 내가 AI를 제대로 활용하지 못해서야. 이는 내적-안정-비통제 귀인이었다. 그러나 팀과 회고 미팅을 하면서 해석이 바뀌었다. AI가 제안한 타깃층이 우리 제품과 맞지 않았다. 다음엔 AI의 제안을 검증한 후 수정해야겠다. 이는 외적-불안정-통제 귀인으로의 전환이었다. 다음 캠페인에서 그는 AI의 제안을 맹목적으로 따르지 않고, 자신의 고객 이해를 바탕으로 수정했다. 결과는 목표를 초과 달성했다.

실패의 기능적 재해석

심리학자 제임스 그로스(James Gross, 2002)의 감정 조절 이론에서 인지적 재평가(Cognitive Reappraisal)는 감정을 조절하는 가장 효과적인 전략으로 제시된다. 상황 자체를 바꿀 수 없을 때, 그 상황을 해석하는 방식을 바꾸는 것이다. 실패를 위협이 아니라 정보로 재해석할 때, 불안은 줄고 학습 동기는 높아진다.

스페이스X의 로켓이 공중에서 폭발했을 때, 많은 이들이 실패라 했지만, 일론 머스크는 성공적인 실패였다고 말했다. 실패를 결과로 보지 않고, 학습의 반복으로 해석한 것이다. 실패를 예측 가능한 범주로 전환했을 때, 사람은 불안을 통제 가능한 감정으로 바꿀 수 있다. 실패는 통제의 붕괴가 아니라, 통제의 재설계다.

조직행동학자 에이미 에드먼슨(Amy Edmondson, 2011)은 실패를 세 가지 유형으로 구분한다. 예방 가능한 실패(Preventable Failure)는 주의 부족이나 규칙 위반으로 발생한다. 이는 비난받아 마땅하다. 복잡성 실패(Complexity Failure)는 시스템의 복잡성 때문에 발생한다. 예측하기 어렵지만 학습 가능하다. 지적 실패(Intelligent Failure)는 새로운 시도에서 발생한다. 이는 오히려 장려되어야 한다.

AI 환경에서 대부분의 실패는 복잡성 실패다. AI와 사람의 상호작용은 예측 불가능한 변수가 많다. 그러나 많은 조직이 이를 예방 가능한 실패로 취급한다. 왜 AI 결과를 제대로 검증하지 않았어? 이런 질문은 실패를 개인의 책임으로 돌린다. 반면 실패를 복잡성의 결과로 보는 조직은 묻는다. 어떤 변수를 놓쳤고, 다음엔 어떻게 개선할 수 있을까? 이 질문이 학습을 만든다.

조직의 실패 학습 시스템

심리적 안정감의 구조

에이미 에드먼슨(Amy Edmondson, 1999)이 제시한 심리적 안정감(Psychological Safety)의 핵심은 실수를 공유해도 불이익이 없는 환경이다. 이는 단순히 관대함이 아니라, 학습을 위한 전략적 선택이다. 실수를 숨기는 조직은 같은 실수를 반복하고, 드러내는 조직은 시스템을 개선한다.

한 제조업체는 AI 품질 검사 시스템 도입 후 초기 3개월간 오류율이 증가했다. 경영진은 처벌 대신 학습을 선택했다. 매주 오류 리뷰 미팅을 열어 AI가 왜 틀렸는지, 사람이 왜 놓쳤는지를 함께 분석했다. 비난 없는 학습. 중요한 건 회의 규칙이었다. 첫째, 오류를 발견한 사람을 칭찬한다. 둘째, 오류의 원인을 시스템 관점에서 분석한다. 셋째, 개인이 아니라 프로세스를 개선한다.

구글의 프로젝트 아리스토텔레스(Project Aristotle) 연구는 180개 팀을 분석한 결과, 고성과 팀의 가장 중요한 특징이 심리적 안정감이라는 걸 발견했다(Rozovsky, 2015). 팀원들의 지능, 경력, 다양성보다 중요한 건 서로 실수를 드러낼 수 있느냐였다. 실수를 공유하는 팀이 더 빠르게 학습하고, 더 창의적인 해결책을 찾았다.

실패 회고의 구조화

실패를 학습으로 전환하는 핵심은 구조화된 회고(Structured Retrospective)다. 단순히 실패를 이야기하는 것이 아니라, 체계적으로 분석하고 다음 행동을 설계하는 것이다.

애자일 방법론의 회고(Retrospective) 프레임워크는 세 질문으로 구성된다. 무엇이 잘 되었는가(What went well), 무엇이 잘못되었는가(What went wrong), 무엇을 개선할 것인가(What to improve). 단순하지만 강력하다. 이 구조는 비난을 차단하고 학습에 집중하게 만든다.

한 핀테크 스타트업은 AI 기반 신용평가 모델을 도입했다. 초기 3개월간 오판율이 예상보다 높았다. 매주 회고 미팅에서 팀은 구조화된 질문을 따랐다. 첫째, 이번 주 AI의 판단 중 정확했던 케이스는 무엇인가? 둘째, 오판한 케이스는 무엇이고 왜 그랬는가? 셋째, 다음 주에 어떤 변수를 추가로 검토할 것인가? 이 과정에서 팀은 AI가 특정 업종(프리랜서, 자영업)에서 오판율이 높다는 패턴을 발견했다. 표준화된 소득 증빙이 없는 경우 AI가 과소평가하는 경향이 있었다. 팀은 이런 케이스에 대해서는 추가 검증 단계를 추가했다. 3개월 후 오판율은 절반으로 줄었다. 구조화된 회고가 패턴을 발견하게 했고, 시스템을 개선시켰다.

개인의 실패 해석 전략

실패 일지의 힘

조직 차원의 실패 학습도 중요하지만, 개인 차원의 해석도 필요하다. 실패 일지(Failure Journal)는 실패를 개인적 학습 자산으로 전환하는 도구다. 단순히 무엇이 잘못 되었는지 기록하는 것이 아니라, 그 경험에서 무엇을 배웠는지를 성찰하는 과정이다.

심리학자 제임스 페니베이커(James Pennebaker, 1997)의 연구에 따르면, 부정적 경험을 글로 쓰는 행위는 심리적 치유 효과가 있다. 단순히 감정을 표출하는 것을 넘어, 경험을 구조화하고 의미를 부여하는 과정에서 통제감이 회복된다. 실패 일지는 이 원리를 활용한다.

한 UX 디자이너는 AI 디자인 도구를 배우는 과정에서 수없이 실패했다. 처음에는 좌절했다. 그러나 실패 일지를 쓰기 시작하면서 패턴을 발견했다. 그는 매번 실패할 때마다 네 가지를 기록했다. 첫째, 무엇을 시도했는가. 둘째, 무엇이 잘못되었는가. 셋째, 왜 그렇게 되었다고 생각하는가. 넷째, 다음엔 무엇을 다르게 할 것인가.

3개월간의 기록을 리뷰하면서 그는 자신의 실패 패턴을 발견했다. AI 도구의 기본 로직을 이해하지 않고 결과만 보려 했다는 것. 그는 전략을 바꿨다. 도구를 사용하기 전에 작동 원리를 먼저 공부하기로 했다. 6개월 후, 그는 팀에서 AI 디자인 도구를 가장 잘 활용하는 사람이 되었다. 실패 일지가 그를 성장시켰다.

인지적 재평가의 실천

실패를 학습으로 전환하는 핵심 기술은 인지적 재평가(Cognitive Reappraisal)다. 앞서 언급했듯, 이는 상황 자체를 바꿀 수 없을 때 해석을 바꾸는 기술이다. 제임스 그로스의 연구에 따르면, 인지적 재평가를 잘하는 사람은 부정적 감정을 덜 경험하고, 더 높은 삶의 만족도를 보인다(Gross, 2002).

실패를 재평가하는 구체적 질문은 이렇다. 이 실패가 내게 가르쳐준 것은 무엇인가? 이 경험이 없었다면 내가 배우지 못했을 것은 무엇인가? 이 실패 덕분에 다음엔 무엇을 더 잘할 수 있는가? 이런 질문은 실패를 손실이 아니라 투자로 재구성한다.

한 세일즈 매니저는 AI 기반 고객 예측 도구를 활용해 중요한 거래를 진행했다. AI는 이 고객이 계약할 확률이 85%라고 예측했다. 그는 AI를 신뢰하고 공격적으로 영업했다. 그러나 고객은 거절했다. 처음에 그는 AI를 탓했고, 자신을 탓했다. 그러나 실패를 재평가하면서 배움을 발견했다. AI는 과거 데이터를 기반으로 예측하지만, 고객의 현재 상황은 반영하지 못한다. 그 고객은 회사 내부에서 예산 문제가 있었다. AI가 알 수 없는 변수였다.

다음 거래에서 그는 전략을 바꿨다. AI의 예측을 참고하되, 고객의 현재 상황을 직접 확인했다. 예산은 확보되어 있나요? 의사 결정권자의 우선순위는 무엇인가요? AI와 사람의 판단을 결합한 것이다. 이후 그의 계약 성공률은 이전보다 상승했다. 실패가 그를 더 나은 세일즈맨으로 만들었다.

회복 탄력성의 구조

불완전함의 수용

심리학자 수니아 루터(Suniya Luthar, 2006)는 회복 탄력성(Resilience)을 상처를 입되 부러지지 않는 능력으로 정의했다. 실패 복원력은 다시 시도하는 용기가 아니라, 실패의 의미를 읽는 힘이다. 완벽함을 추구하는 사람은 실패를 견디지 못한다. 불완전함을 수용하는 사람만이 실패에서 배운다.

브레네 브라운(Brené Brown, 2012)의 취약성 연구는 이를 뒷받침한다. 그는 수천 명을 인터뷰한 결과, 가장 회복 탄력성이 높은 사람들의 공통점을 발견했다. 그들은 완벽하지 않아도 괜찮다고 믿었다. 취약함을 드러내는 것을 두려워하지 않았다. 실패를 자신의 가치와 분리했다. 나는 실패했지만, 나는 '실패자'가 아니다.

실패의 서사

AI는 오류를 데이터로 남기지만, 사람은 그것을 서사로 남긴다. 기술은 학습을 통해 정확해지지만, 사람은 해석을 통해 깊어진다. 실패의 의미를 다시 쓰는 사람만이 AI 시대의 속도 속에서도 중심을 잃지 않는다.

심리학자 댄 맥아담스(Dan McAdams, 2001)의 생애 서사 이론(Life Story Theory)에 따르면, 사람은 자신의 경험을 이야기로 구성함으로써 정체성을 만든다. 같은 경험도 어떤 이야기로 엮느냐에 따라 의미가 달라진다. 실패를 비극의 서사로 쓰는 사람은 희생자가 되고, 성장의 서사로 쓰는 사람은 주인공이 된다.

실패를 성장의 서사로 재구성하는 핵심은 전환점을 찾는 것이다. 이 실패가 내 인생에서 어떤 전환점이었는가? 이 실패 이전과 이후에 나는 어떻게 달라졌는가? 이런 질문이 실패를 단순한 손실이 아니라 성장의 계기로 전환시킨다.

결국 실패는 AI 시대의 불안을 줄이는 가장 인간적인 전략이다. 실패를 기록하고, 그 안에서 의미를 찾고, 그것을 다음 시도로 연결하는 일. 완벽함보다 회복 탄력성이 더 큰 자산이 되는 이유다. 실패를 드러내는 용기에서 회복은 시작된다. 실패는 통제의 붕괴가 아니라, 통제의 재설계다. 불완전한 세상 속에서 마음의 안전지대를 세우는 방식이다.

참고문헌

KISTEP(2025). "AI와 함께 살아갈 세상: 불안과 희망". 한국과학기술기획평가원.

American Psychological Association(2023). Stress in America 2023: A nation recovering from collective trauma. APA.

Barlow, D. H.(2002). *Anxiety and Its Disorders: The Nature and Treatment of Anxiety and Panic.* Guilford Press.

Brown, B.(2012). Daring Greatly: How the Courage to Be Vulnerable Transforms the Way We Live, Love, Parent, and Lead. Gotham Books.

Dweck, C. S.(2006). *Mindset: The New Psychology of Success.* Random House.

Edmondson, A.(1999). Psychological Safety and Learning Behavior in Work Teams. *Administrative Science Quarterly, 44*(2), pp.350~383.

Langer, E. J.(1975). The Illusion of Control. *Journal of Personality and Social Psychology, 32*(2), pp.311~328.

Luthar, S. S. et al.(2000). The Construct of Resilience: A Critical Evaluation and Guidelines for Future Work. *Child Development, 71*(3), pp.543~562.

McAdams, D. P.(2001). The psychology of life stories. Review of General Psychology, 5(2), 100~122.

Pennebaker, J. W.(1997). Writing about emotional experiences as a therapeutic process. *Psychological Science, 8*(3),

pp.162~166.
Rozovsky, J.(2015). The five keys to a successful Google team. re:Work – Google's guide to understanding team effectiveness. https://rework.withgoogle.com/guides/understanding-team-effectiveness/
Seligman, M. E. P.(2018). *The Hope Circuit: A Psychologist's Journey from Helplessness to Optimism*. PublicAffairs.
SpaceX(2024.3.15). Starship Flight Test 3. https://www.spacex.com/launches/starship-flight-3.
Weiner, B.(1985). An attributional theory of achievement motivation and emotion. *Psychological Review, 92*(4), pp.548~573.

04
조직 내 관계의 해독제

기술이 고도화될수록 사람은 관계를 통해 안정감을 되찾는다. AI가 효율을 높이는 동안, 관계는 존재의 의미를 지탱한다. 심리학에서 말하는 '사회적 지지(social support)'는 타인의 공감과 이해를 통해 형성되는 정서적 안정감이다. 결국 연결이 곧 회복의 시작이다.

청각장애인과 AI?

효율의 이면

2023년 메타는 1만 1000명을 해고했다. 마크 저커버그는 '효율의 해(Year of Efficiency)'를 선언했다. AI와 자동화로 더 적은 인원으로 더 많은 것을 할 수 있다는 논리였다. 그런데 1년 후, 남은 직원들의 번아웃 지수가 급증했다. 글래스도어(Glassdoor)에 올라온 내부 리뷰는 한결같았다. 효율은 올랐지만, 사람들은 더 외로워졌다. 업무 메시지는 늘었지만, 진짜 대화는 사라졌다.

AI가 일터에 본격적으로 들어온 뒤, 조직의 대화 방식이 달라졌다. 회의는 짧아졌고 보고서는 정교해졌지만 그 안에서 감정의 여백은 사라졌다. 협업 도구는 의견을 빠르게 모으지만, 마음을 묻는 시간은 줄었다. 같은 공간에 있어도 눈을 마주치지 않고, 모든 피드백이 텍스트로 전달된다.

2024년 토스 창업자 이승건은 한 인터뷰에서 이렇게 말했다. 우리는 AI로 생산성을 극대화했습니다. 그런데 팀원들이 서로를 모릅니다. 옆자리 동료가 무슨 프로젝트를 하는지는 알지만, 지금 무슨 고민을 하는지는 모릅니다. 이 고백은 많은 조직이 직면한 현실이었다. 효율은 측정 가능하지만, 관계의 상실은 서서히 진행된다.

기술이 고도화될수록 사람은 관계를 통해 안정감을

되찾는다. AI가 효율을 높이는 동안, 관계는 존재의 의미를 지탱한다. 심리학에서 말하는 사회적 지지(Social Support)는 타인의 공감과 이해를 통해 형성되는 정서적 안정감이다. AI는 불안을 예측하지만, 관계만이 불안을 완화한다. 이 장에서는 왜 관계가 AI 시대의 해독제인지, 그 작동 원리는 무엇이며, 어떻게 회복할 수 있는지를 탐구한다.

관계의 기능: 사회적 지지 이론

심리학에서 사회적 지지는 타인으로부터 받는 정서적, 도구적, 정보적 자원을 의미한다. 심리학자 셸리 코헨(Shelley Cohen, 2004)은 사회적 지지가 스트레스의 직접적 영향을 완충하는 보호 요인으로 작동한다고 밝혔다. 버퍼 효과(Buffering Effect)다. 같은 스트레스 상황에서도 사회적 지지가 높은 사람은 낮은 사람보다 심리적 어려움을 덜 겪는다.

사회적 지지는 세 가지 경로로 작동한다. 첫째, 정서적 지지는 공감과 위로를 제공한다. 내 감정을 이해하고 인정해 주는 사람이 있다는 느낌. 둘째, 도구적 지지는 실질적 도움을 제공한다. 문제 해결을 함께 하거나 자원을 공유하는 것. 셋째, 정보적 지지는 조언과 피드백을 제공한다. 내가 놓친 관점을 알려주거나 방향을 제시하는 것이다.

그렇다면 AI 환경에서 이 세 가지는 어떻게 변하는가. AI는 정보적 지지는 제공할 수 있다. 데이터를 분석하고 대안을 제시한다. 도구적 지지도 부분적으로 가능하다. 업무를 자동화하고 효율을 높인다. 그러나 정서적 지지는 제공하지 못한다. AI는 위로의 말을 할 수 있지만, 진짜 공감은 하지 못한다. 결국 사람만이 사람에게 온전한 사회적 지지를 제공할 수 있다.

하버드대의 성인 발달 연구(Harvard Study of Adult Development)는 이를 80년간의 데이터로 입증했다. 1938년부터 724명의 삶을 추적한 결과, 삶의 만족도를 결정하는 가장 강력한 요인은 관계의 질이었다(Waldinger & Schulz, 2023). 재산도, 직업도, 사회적 지위도 아니었다. 신뢰할 수 있는 관계가 있는 사람이 행복했고, 건강했고, 오래 살았다.

연구를 이끈 로버트 월딩거 교수는 2015년 TED 강연에서 "외로움은 독입니다"라고 말했다. 이 강연은 5000만 회 이상 조회되었다. 사람들은 관계가 중요하다는 것을 이미 알고 있었다.

그러나 알고 있다고 해서 실천하는 것은 아니다. 특히

효율을 강조하는 AI 환경에서는 관계가 후순위로 밀린다. 심리학자 에리히 프롬(Erich Fromm, 1955)은 인간이 자유를 추구하면서도 관계를 통해 안정을 얻는 존재라고 설명했다. AI 시대의 개인은 자율과 연결이라는 두 축 사이에서 끊임없이 균형을 잡아야 한다. 기술은 자율을 확장하지만, 연결을 약화시킨다. 이 불균형이 불안을 만든다.

신뢰의 구조: 관계의 작동 원리

관계가 왜 중요한지 알았다면, 이제 어떤 관계가 작동하는지를 물어야 한다. 모든 관계가 똑같이 기능하는 것은 아니다. 피상적 연결은 오히려 피로를 증가시킨다. 진짜 작동하는 관계는 신뢰를 기반으로 한다.

조직심리학자 폴 자크(Paul Zak, 2017)는 신경경제학 관점에서 신뢰가 조직 성과에 미치는 영향을 연구했다. 그의 연구팀은 수십 개 기업을 분석한 결과, 높은 신뢰 문화를 가진 조직의 직원들이 저신뢰 조직 직원보다 생산성이 50% 높고, 에너지 레벨이 106% 높으며, 이직 의도가 50% 낮다는 것을 발견했다. 신뢰는 추상적 가치가 아니라 측정 가능한 조직 자산이다.

신뢰는 두 가지 요소로 구성된다. 첫째, 능력에 대한

신뢰다. 이 사람은 업무를 잘 수행할 수 있고, 약속을 지키며, 전문성이 있다는 믿음. 둘째, 선의에 대한 신뢰다. 이 사람은 나를 배려하고, 내 이익을 해치지 않을 것이며, 나의 취약함을 악용하지 않을 것이라는 믿음. 두 신뢰가 모두 갖춰져야 관계는 제대로 작동한다.

그렇다면 AI 환경에서 신뢰는 왜 더 중요한가. AI가 모든 것을 기록하고, 성과를 측정하고, 과정을 데이터화하는 환경에서 사람들은 더욱 조심스러워진다. 실험적 시도를 꺼리고, 질문을 줄이고, 완벽함을 추구한다. 그러나 역설적으로 이런 환경에서는 혁신이 일어나지 않는다. 신뢰가 없으면 학습이 멈춘다.

2023년 카카오는 AI 기반 업무 시스템 도입 후 예상치 못한 문제를 겪었다. 시스템은 모든 메시지, 문서 작성 시간, 업무 패턴을 분석했다. 효율성은 올랐지만 직원들의 커뮤니케이션이 경직되었다. 비공식 대화가 줄었고, 창의적 제안이 감소했다. 한 팀장은 이렇게 말했다. 모든 게 기록되니까 사람들이 말을 아끼기 시작했어요. 틀릴까봐 질문도 안 하고, 확실한 것만 말합니다. 카카오는 6개월 후 정책을 바꿨다. AI 분석 대상에서 비공식 채널을 제외하고, 실험적 프로젝트에 대한 평가 방식을 변경했다. 신뢰를 회복하는 것이 효율보다 우선이었다.

2022년 배달의민족의 사례도 비슷하다. 독일 딜리버리히어로로 인수 후 효율 중심 문화가 강화되면서 직원 만족도가 하락했다. 퇴사율이 증가했다. 배달의민족은 동료 문화 복원에 나섰다. 핵심은 관리자 교육이었다. 팀원과 1:1 대화하는 법, 피드백을 주는 법, 신뢰를 쌓는 법을 훈련시켰다. 이 과정을 거친 관리자들의 팀은 이직률이 눈에 띄게 감소했다. 한 팀장은 이렇게 말했다. "업무 대화가 아니라 마음 대화를 시작하자 팀원들이 달라졌습니다. 문제를 먼저 말하고, 도움을 청하고, 서로를 지지했습니다."

관계의 신경과학: 옥시토신의 완충 효과

관계가 심리적으로 중요하다는 것을 넘어, 생리적으로도 작동한다는 증거가 축적되고 있다. 신경과학은 관계가 스트레스 반응 시스템에 직접 영향을 미친다는 것을 밝혀냈다.

공감 상황에서 분비되는 옥시토신(Oxytocin)은 스트레스 호르몬 코르티솔(Cortisol)의 분비를 억제한다(Heinrichs et al., 2003). 즉, 공감받고 있다는 감각은 실제로 생리적 수준에서 불안을 완화시킨다. 하버드 메디컬스쿨의 연구팀은 신뢰하는 상대와의 대화가 혈압과

심박수를 안정시키며 회복 속도를 높인다는 것을 발견했다. 관계는 위로의 차원을 넘어 생리적 치유 기제로 작동한다.

반대로 만성적 고립은 건강을 해친다. 브리검영대학교의 메타 연구는 충격적인 결과를 보고했다. 사회적 고립은 하루 담배 15개비를 피우는 것만큼, 그리고 알코올 중독보다 더 건강에 해롭다(Holt-Lunstad et al., 2010). 외로움은 비유가 아니라 측정 가능한 건강 위험이다.

이는 진화심리학적으로 이해할 수 있다. 인간은 사회적 동물로 진화했다. 혼자서는 생존할 수 없었던 환경에서 집단에 속하는 것이 생존의 조건이었다. 따라서 인간의 뇌는 사회적 연결을 보상으로, 고립을 위협으로 처리하도록 진화했다. 신경과학자 매튜 리버먼(Matthew Lieberman, 2013)은 저서 《사회적 뇌》에서 인간의 뇌는 기본 모드에서도 사회적 정보를 처리하고 있다고 설명한다. 멍 때리고 있을 때조차 우리 뇌는 타인의 생각을 추론하고, 관계를 시뮬레이션한다. 관계는 인간 인지의 기본 설정이다.

그런데 AI 시대는 이 기본 설정을 교란한다. 2024년 유니세프가 발표한 청소년 정신건강 보고서는 놀라운 패턴을 보여 줬다. 온라인 연결 시간이 늘어날수록 실제

고립감은 증가했다(UNICEF, 2024). SNS에서 수백 명과 연결되어 있지만, 진짜 대화를 나눌 사람은 없다. 연결의 양이 늘어날수록 연결의 질은 떨어지는 역설. 이것이 과잉 연결 속의 고립이다.

한국의 유튜버 슈카는 2023년 방송에서 자신의 경험을 공유했다. 구독자 300만 명과 소통하지만, 실제로 마음을 나눌 사람은 손에 꼽았다. 댓글은 수천 개지만, 진짜 대화는 없었다. 숫자는 늘어나지만 외로움도 함께 커졌다. 이 영상은 500만 회 이상 조회되었고, 댓글에는 나도 그렇다는 공감이 쏟아졌다. 디지털 연결은 진짜 연결을 대체하지 못한다.

관계의 설계: 조직 차원

이론과 메커니즘을 이해했다면, 이제 실천의 문제다. 관계를 어떻게 회복할 것인가. 조직 차원에서 관계는 자연스럽게 형성되기를 기다리는 것이 아니라, 의도적으로 설계해야 하는 대상이다.

2021년 마이크로소프트는 팬데믹 이후 원격 근무 데이터를 분석했다. 업무 시간은 늘었고 이메일도 증가했다. 그러나 직원 만족도는 하락했다. 원인은 비공식 대화의 소멸이었다. 오피스에서 자연스럽게 발생하던 복도 대화, 점심 식사, 커피 타임이 완전히 사라진 것이다(Microsoft, 2021). 사람들은 업무 관련 대화만 나누고, 개인적 이야기를 나눌 기회가 없었다.

마이크로소프트는 가상 커피챗(Virtual Coffee Chat) 프로그램을 도입했다. 무작위로 두 명을 매칭해서 15분간 업무와 관련 없는 대화를 나누도록 했다. 강제가 아니라 선택이었다. 참여한 직원들의 반응은 긍정적이었다. 한 엔지니어는 이렇게 말했다. 6개월간 같은 프로젝트를 했지만, 그 동료가 두 아이의 아빠라는 걸 처음 알았습니다. 15분 대화가 6개월간의 협업보다 더 가까워지게 만들었습니다.

당근마켓은 다른 접근을 택했다. 2023년 전 직원 워크숍에서 신뢰 구축 워크숍을 진행했다. 팀별로 모여 세 가지 질문에 답했다. 우리 팀에서 가장 편안하게 느낄 때는 언제인가? 가장 불편할 때는 언제인가? 우리가 함께 만들고 싶은 분위기는 무엇인가? 단순한 질문이었지만, 이 대화가 팀의 규범을 만들었다. 한 팀은 실수를 공유하는 시간을 만들었다. 매주 금요일, 이번 주 내가 한 실수를 공유한다. 처음에는 어색했지만, 3개월 후 팀의 분위기가 달라졌다. 실수를 감추지 않게 되자, 문제가 빨리 해결되었다.

딜로이트는 2023년 AI 프로젝트 팀에 리추얼 미팅(Ritual Meeting)을 도입했다. 이 회의의 목적은 보고가 아니라 교감이었다. 매주 월요일 아침 15분, 팀원들은 세 가지 질문에 답한다. 지난 주말 무엇을 했는가? 이번 주 기대되는 것은 무엇인가? 지금 필요한 도움은 무엇인가? 업무와 직접 관련 없는 이 대화가 팀의 신뢰를 쌓았고, 3개월 후 협업 효율이 눈에 띄게 개선되었다(Deloitte Insights, 2024).

핵심은 관계를 위한 시간과 공간을 구조화하는 것이다. 자연스럽게 생기기를 기대하면 생기지 않는다. 특히 AI가 효율을 극대화하는 환경에서는 더욱 그렇다. 15분의 비공식 대화가 전체 조직의 심리적 안정감을 높인다.

관계의 설계: 개인 차원

조직이 관계를 설계할 수도 있지만, 개인도 자신만의 관계 안전망을 구축할 수 있다. 심리학자 셸리 테일러(Shelley Taylor, 2002)의 연구에 따르면, 단 3명의 신뢰할 수 있는 관계만 있어도 스트레스 상황에서의 회복력이 크게 높아진다. 중요한 것은 양이 아니라 질이다.

브레네 브라운(Brené Brown, 2012)의 취약성 연구는 진짜 연결은 취약함을 드러낼 때 시작된다고 말한다.

완벽한 모습만 보여주는 관계는 얕다. 어려움을 공유할 때 관계는 깊어진다. 심리학자 아서 아론(Arthur Aron, 1997)의 친밀감 실험이 이를 입증한다. 낯선 두 사람에게 36개의 점진적으로 깊어지는 질문을 주고 대화하게 했다. 단 45분 만에 두 사람은 평생 친구 같은 친밀감을 느꼈다. 핵심은 취약함의 상호 공개였다. 표면적 대화가 아니라 진짜 감정과 경험을 나눴을 때, 관계는 빠르게 깊어진다.

토스의 한 개발자는 팀 내에서 약점 공유 문화를 만들었다. 매주 월요일 스탠드업에서 이번 주 내가 도움이 필요한 것을 한 가지씩 말한다. 처음에는 "API 사용법을 모르겠습니다"와 같이 모두 기술적 질문만 했다. 그런데 한 시니어 개발자가 바꿨다. "저는 요즘 번아웃이 와서 집중이 안 됩니다. 도와주세요." 이 고백 이후, 팀원들도 진짜 어려움을 말하기 시작했다. "후배가 무서워서 질문을 못하겠습니다. 집에 문제가 있어서 마음이 힘듭니다." 약점을 드러내자 팀은 더 강해졌다.

관계는 저절로 유지되지 않는다. 의도와 노력이 필요하다. 심리상담가 김현수가 제안하는 3-3-3 원칙이 유용하다. 3일에 한 번은 의미 있는 대화를 나눈다. 3주에 한 번은 함께 시간을 보낸다. 3개월에 한 번은 깊은 이야기를 나눈다. 이 원칙은 관계를 유지하는 최소한의 리듬이다.

한 IT 스타트업 CTO는 대학 동기 3명과 매주 화요일 저녁 30분씩 화상통화를 한다. 업무 이야기가 아니라 그냥 수다다. "요즘 어떻게 지내? 별일 없어?" 간단한 질문들. 그러나 이 30분이 일주일을 버티는 힘이 되었다고 그는 말한다. AI와 일하는 시간이 늘어날수록, 사람과 이야기하는 시간이 더 소중해졌다.

관계는 전략이다

조직은 이제 관계를 전략적 자산으로 다뤄야 한다. 관계는 더 이상 소프트 스킬이 아니라 조직 생존의 핵심 구조다. 사람은 관계를 통해 의미를 확인하고, 의미는 몰입을 낳으며, 몰입은 곧 성과로 이어진다. AI는 효율을 계산하지만, 관계는 의지를 만든다.

심리학자 정혜신은 저서 《당신이 옳다》에서 공감은 불안을 잠재우는 가장 강력한 해독제라고 했다. 그 말처럼 공감은 단순한 정서 교류가 아니라 심리적 생존 기술이다. AI가 아무리 섬세한 언어를 구사해도, 신뢰는 데이터의 교환이 아니라 감정의 교감에서 만들어진다. 인간의 두뇌는 공감할 때 안정되고, 단절될 때 방어한다.

결국 AI 시대의 불안을 해독하는 힘은 연결에서 온다. 관계는 마음의 안전지대다. 시스템이 아니라 사람이 사람을 안정시킨다. 조직이 기술적 효율보다 관계적 신뢰를 우선순위에 둘 때, 구성원은 평정을 되찾고 조직은 회복 탄력성을 얻는다. 기술은 일을 빠르게 하지만, 관계는 사람을 단단하게 만든다. AI가 속도를 설계한다면, 관계는 방향을 설계한다.

참고문헌

정혜신(2018). 《당신이 옳다》. 해냄출판사.

Aron, A. et al.(1997). "The Experimental Generation of Interpersonal Closeness: A Procedure and Some Preliminary Findings". Personality and Social Psychology Bulletin, 23(4), pp.363~377.

Brown, B.(2012). Daring Greatly: How the Courage to Be Vulnerable Transforms the Way We Live, Love, Parent, and Lead. Avery.

Cohen, S.(2004). Social relationships and health. *American Psychologist, 59*(8), pp.676~684.

Deloitte Insights(2024). 2024 Global Human Capital Trends: Thriving Beyond Boundaries. Deloitte University Press. https://www2.deloitte.com/us/en/insights/focus/human-capital-trends.html

Edmondson, A. C.(2019). *The Fearless Organization: Creating Psychological Safety in the Workplace for Learning,*

Innovation, and Growth. Wiley.

Fromm, E.(1955). *The Sane Society.* Rinehart & Company.

Heinrichs, M. et al.(2003). "Social Support and Oxytocin Interact to Suppress Cortisol and Subjective Responses to Psychosocial Stress". Biological Psychiatry, 54(12), pp.1389~1398.

Holt-Lunstad, J. et al.(2010). "Social Relationships and Mortality Risk: A Meta-analytic Review". PLoS Medicine, 7(7), e1000316

Lieberman, M. D.(2013). Social: Why Our Brains Are Wired to Connect. Oxford University Press.

Luthar, S. S.(2006). Resilience in Development: A Synthesis of Research Across Five Decades. In Cicchetti, D. & Cohen, D.(eds.). *Developmental Psychopathology: Risk, Disorder, and Adaptation*, pp.740~795. Wiley.

Microsoft(2021). The Next Great Disruption Is Hybrid Work—Are We Ready? Annual Work Trend Index Report

Project Aristotle(2016). Re:Work Guide: Understand Team Effectiveness. Google Inc. https://rework.withgoogle.com/guides/understanding-team-effectiveness/steps/introduction/

Taylor, S. E.(2002). The Tending Instinct: How Nurturing is Essential to Who We Are and How We Live. Henry Holt and Co.

UNICEF(2024). The State of the World's Children 2024: Children in a Digital World. United Nations Children's Fund. https://www.unicef.org/reports/state-of-worlds-children-2024

Waldinger, R. & Schulz, M.(2023). The Good Life: Lessons from the World's Longest Scientific Study of Happiness. Simon & Schuster

Zak, P. J.(2017). Trust Factor: The Science of Creating High-Performance Companies. AMACOM.

05
과잉 정보와 정신적 여백

AI 시대는 정보의 풍요 속에 사는 듯 보이지만, 실은 선택의 피로 속에 산다.
더 많이 알고, 더 빠르게 접속할수록 마음은 점점 고갈된다. 문제는 정보의 부족이 아니라, 해석의 여백이 사라졌다는 데 있다. 이제 필요한 것은 더 많은 데이터가 아니라, 생각이 숨 쉴 공간이다.

AI 콘텐츠 크리에이터?

정보 과잉의 역설

AI 시대의 일터에서 가장 많이 들리는 단어는 업데이트다. 모든 것이 실시간으로 갱신되고, 하루에도 수십 개의 알림이 쏟아진다. 그러나 정보의 증가는 지식의 확장을 보장하지 않는다. 오히려 그 양이 사람의 인지 자원을 잠식한다. 정보를 처리하느라 생각할 시간이 없다. 문제는 정보의 부족이 아니라, 해석의 여백이 사라졌다는 것이다.

인지심리학은 사람의 작업 기억(Working Memory)이 제한된 용량을 갖고 있다고 설명한다. 조지 밀러(George Miller, 1956)의 고전 연구는 사람이 한 번에 처리할 수 있는 정보의 단위가 7±2개라고 밝혔다. 이 용량을 초과하면 사고의 효율이 급격히 떨어진다. 이것이 인지 과부하(Cognitive Overload)다.

옥스퍼드 인터넷 연구소(2024)의 조사에 따르면, AI 추천 시스템을 사용하는 성인의 절반 이상이 정보가 너무 많아 결정을 미루거나 포기한 경험이 있다고 답했다. 기술이 판단을 돕는 시대에, 사람은 판단하기를 두려워하고 있다. AI 시대의 불안은 모르는 데서 오는 두려움이 아니라, 너무 많이 아는 데서 오는 피로에서 시작된다.

심리학자 대니얼 레비틴(Daniel Levitin, 2014)은 현

대인이 하루에 약 10만 단어의 정보를 처리한다고 추정했다. 이는 175페이지짜리 책 한 권 분량이다. 매일 책 한 권을 읽는 셈이다. 그런데 이 정보를 얼마나 기억하는가. 거의 없다. 정보는 지나가지만 흔적을 남기지 않는다. 쌓이는 것은 지식이 아니라 피로다. 하버드대 토드 로저스 교수는 정보가 많아질수록 생각의 깊이는 얕아지고, 결정의 질은 낮아진다고 설명한다. 많이 안다고 해서 잘 판단하는 것은 아니다.

선택의 역설과 통제의 착각

심리학자 배리 슈워츠(Barry Schwartz, 2004)는 선택지가 많을수록 만족감은 낮아진다고 밝혔다. 그의 유명한 잼 실험에서, 24종류의 잼을 진열했을 때보다 6종류를 진열했을 때 구매율이 10배 높았다. 선택지가 많으면 사람들은 선택을 회피한다. AI는 이 선택지를 무한히 확장시켰다. 사람은 매일 수백 개의 콘텐츠, 기회, 제안을 접하지만, 선택의 폭이 넓어질수록 나의 선택은 흐려진다.

선택이 늘어날수록 자율성은 줄어든다. 역설적이지만 사실이다. 심리학자 시나 아이엔거(Sheena Iyengar, 2010)는 선택이 많을수록 사람들이 느끼는 자율성은 낮아지고, 후회는 커진다고 설명한다. 다른 선택이 더 나았을 거라는 생각 때문이다. FOMO(Fear of Missing Out)가 증폭된다. 서울대 김난도 교수는 2024년 트렌드 코리아에서 선택 회피 현상을 지적했다. 젊은 세대일수록 선택지가 많은 상황을 스트레스로 느낀다. 선택의 자유가 선택의 부담이 된 것이다.

더 문제인 것은 우리가 스스로 선택한다고 믿지만, 실제로는 알고리즘이 설계한 프레임 안에서 반응하고 있을 뿐이라는 점이다. 심리학에서 이를 통제의 착각(Illusion of Control)이라 부른다. 엘렌 랭어(Ellen Langer, 1975)가 처음 제시한 이 개념은, 사람들이 실제로는 통제할 수 없는 상황에서도 통제하고 있다고 믿는 경향을 설명한다. AI 시대에는 이 착각이 더욱 정교해졌다. 시스템은 마치 내가 선택한 것처럼 보이게 설계한다.

월스트리트저널(2023)은 틱톡 알고리즘이 사용자의 시청 패턴을 분석해 90초 이내에 그 사람의 관심사를 파악한다고 보도했다. 사용자는 자신이 좋아하는 콘텐츠를 보고 있다고 생각하지만, 실제로는 알고리즘이 좋아할 만한 콘텐츠를 보고 있다. 이것이 필터 버블(Filter Bubble)이다. 정보는 늘어나지만 관점은 좁아진다. 정보의 선택권이 늘어난 것처럼 보여도, 실은 판단의 프레임이 줄어들고 있는 것이다. 사람은 지식의 주체가 아니라, 정보의 소비자로 변해가고 있다.

이 지점에서 불안은 모르는 두려움에서 과하게 아는 무력감으로 바뀐다. 모든 정보를 알고 있어야 한다는 압박은 스스로의 판단을 마비시킨다. 완벽히 아는 순간을 기다리다, 결국 아무 결정도 내리지 못하는 인지적 정지 상태(Cognitive Freeze)가 일터 곳곳에서 관찰된다.

여백의 신경과학: 기본 모드 네트워크

역설적이게도, 사람의 뇌는 아무것도 하지 않을 때 가장 활발하게 작동한다. 신경과학자 마커스 레이클(Marcus Raichle, 2001)이 발견한 기본 모드 네트워크(Default Mode Network, DMN)가 그것이다. 이는 외부 과제에 집중하지 않을 때, 즉 멍 때리거나 휴식할 때 활성화되는 뇌 영역이다.

DMN이 하는 일은 놀랍다. 과거 경험을 통합하고, 미래를 시뮬레이션하며, 자기 성찰을 수행한다. 즉, 의미를 만드는 작업을 한다. 창의적 통찰은 집중할 때가 아니라 쉴 때 찾아온다. 아르키메데스가 목욕탕에서 유레카를 외친 것, 뉴턴이 사과나무 아래에서 중력을 발견한 것은 우연이 아니다. 뇌가 여백을 만났을 때 통찰이 발생한다.

하버드 메디컬스쿨의 연구팀은 2023년 의도적으로

멈춤 시간을 확보한 사람들이 그렇지 않은 사람들보다 창의적 문제 해결 능력이 현저히 높았다고 발표했다. 멈춤은 낭비가 아니라 회복의 프로세스다. 빌 게이츠는 매년 두 번씩 일주일간 Think Week를 가진다. 숲 속 오두막에 홀로 들어가 책만 읽고 생각만 한다. 그는 이 시간에 마이크로소프트의 중요한 전략적 결정들을 내렸다고 말한다. 정보를 차단했을 때 비로소 생각이 명료해진다.

MIT 미디어랩의 연구(2024)는 지나친 즉시 반응이 장기 기억의 통합을 방해하고, 학습의 깊이를 얕게 만든다고 분석했다. 빠른 피드백은 효율을 올리지만, 사고의 깊이는 잃게 한다. 정보가 쌓이는 속도보다 생각이 정리되는 속도가 느리기 때문이다. 여백은 정보를 지식으로 전환하는 시간이다.

디지털 미니멀리즘의 실천

디지털 미니멀리즘(Digital Minimalism)은 더 이상 선택이 아니라 생존의 기술이다. 컴퓨터과학자 칼 뉴포트(Cal Newport, 2019)는 기술 사용을 의도적으로 줄이는 것이 현대인의 필수 역량이라고 주장했다. 모든 기술을 거부하는 것이 아니라, 가치 있는 것만 선택하는 것이다.

2024년 미국심리학회(APA) 보고서에 따르면, SNS 사용 시간을 하루 30분 이하로 줄인 사람들이 그렇지 않은 사람들보다 불안 수준이 낮았다. 덜 보기와 덜 반응하기는 마음의 체력을 회복하는 가장 현실적인 방법이다.

실천의 핵심은 의도적 차단이다. 한 글로벌 기업 팀은 오전 10시부터 12시까지 메시지를 보내지 않는 규칙을 만들었다. 처음에는 소통이 느려질 거라는 우려가 있었다. 그러나 3개월 후, 팀의 생산성이 오히려 올랐다. 메시지를 확인하지 않아도 되는 시간에 집중해서 일하니 오히려 더 빨리 끝났다. 어떤 개발팀은 매주 금요일 오후를 노 미팅, 노 슬랙 데이로 지정했다. 6개월 후 이 팀의 번아웃 지수가 회사 평균보다 낮았다. 여백이 조직의 지속 가능성을 높인 것이다.

개인 차원에서도 실천이 가능하다. 아침에 일어나서 1시간, 잠들기 전 1시간은 스마트폰을 보지 않는다. 처음에는 놓치는 정보가 있을까 불안하다. 그러나 한 달 후 깨닫는다. 중요한 정보는 어차피 다시 들어온다. 놓쳐도 상관없는 정보였을 뿐이다.

의미의 복원: 해석하는 힘

AI는 데이터를 제공하지만, 의미를 만들지 않는다. 의미는 여백에서 만들어진다. 정보와 지식의 차이가 바로 여기에 있다. 정보는 주어지는 것이고, 지식은 해석하는 것이다.

하버드 비즈니스 리뷰(HBR, 2024)는 의미 있는 일의 핵심은 데이터가 아니라 해석이라고 밝혔다. 같은 정보를 두고도 어떤 리더는 위기 신호를, 어떤 리더는 성장의 기회를 읽는다. 차이는 정보의 양이 아니라 해석의 깊이다. MIT 연구진(2024)은 사람이 접하는 정보의 대부분은 불필요한 노이즈이며, 핵심 정보를 해석하는 능력이 진짜 인지적 리더십이라고 밝혔다. 우수한 리더일수록 모든 데이터를 검토하지 않는다. 대신 핵심 지표 몇 가지의 맥락을 읽는다.

여백이 있는 사고란, 정보와 판단 사이에 호흡을 두는 것이다. 즉각 반응하지 않고, 한 박자 늦추는 것. 그 늦춤 속에서 맥락이 보인다. 덜 반응하는 사람이 결국 더 멀리 본다. 한 벤처캐피털 대표는 투자 결정을 바로 하지 않고 무조건 이틀을 기다린다. 그 이틀 동안 아무것도 하지 않는다. 그냥 생각한다. 데이터가 아니라 직관을 듣는다. 급하게 결정한 투자는 대부분 실패했고, 여백을 둔 투자는 성공률이 높았다.

여백은 전략이다

정보의 시대일수록 여백은 사치가 아니라 전략이다. 모든 것이 빠르게 움직이는 시대일수록, 진짜 리더십은 느리게 사고하는 용기에서 시작된다. AI 시대의 지혜는 더 배우는 법이 아니라, 멈추는 법을 배우는 것이다.

멈춤은 무능이 아니라 회복의 방식이다. 여백을 설계하는 사람만이 생각의 중심을 지킬 수 있다. 정보의 여백은 마음의 안전지대다. AI가 세상을 연결했다면, 여백은 자신을 연결한다.

결국 AI 시대의 불안을 해소하는 방법은 더 많이 아는 것이 아니라, 덜 아는 용기를 갖는 것이다. 모든 정보를 확인하지 않아도 괜찮다. 모든 선택지를 검토하지 않아도 괜찮다. 중요한 것은 양이 아니라 깊이다. 정보를 지식으로 전환하는 시간, 그것이 여백이다. 그리고 그 여백에서 진짜 통찰이 자란다.

참고문헌

김난도 외(2023). 『트렌드 코리아 2024』. 미래의창.

American Psychological Association(2024). Stress in America: The Digital Overload Report.

Harvard Business Review(2024). "AI and the Future of Work." HBR Digital Articles.

Harvard Medical School(2023). Neural Correlates of Rest and Creativity

Iyengar, S. S. & Lepper, M. R.(2000). "When Choice is Demotivating: Can One Desire Too Much of a Good Thing?". *Journal of Personality and Social Psychology, 79(6),* pp.995~1006.

Langer, E. J.(1975). "The Illusion of Control". *Journal of Personality and Social Psychology, 32(2),* pp.311~328.

Levitin, D. J.(2014). The Organized Mind: Thinking Straight in the Age of Information Overload. Dutton.

Miller, G. A.(1956). "The Magical Number Seven, Plus or Minus Two: Some Limits on Our Capacity for Processing Information". *Psychological Review, 63(2),* pp.81~97.

MIT Media Lab(2024). Hyper-Updated Society and Cognitive Fatigue. MIT Media Lab.

MIT Sloan Management Review(2024). "Cognitive Leadership in the Flow of Information".

Newport, C.(2019). Digital Minimalism: Choosing a Focused Life in a Noisy World. Portfolio.

Oxford Internet Institute(2024). Decision Fatigue and Algorithmic Choice Behavior. Oxford Internet Institute.

Raichle, M. E.(2001). "A Default Mode of Brain Function". *Proceedings of the National Academy of Sciences, 98(2),* pp.676~682.

Schwartz, B.(2004). *The Paradox of Choice: Why More Is Less.* HarperCollins.

Rogers, T. & Feller, A.(2018). "Reduction in writing quality as the number of choices increases". *Psychological Science.*

The Wall Street Journal(2023. 7. 21). "How TikTok's Algorithm Figures Out Your Inner Desires"

06
불완전한 동료, AI

AI는 이제 우리의 일상과 마음 깊숙이 들어온 동료다. 그 동료는 놀라울 만큼 빠르고 똑똑하지만, 때로는 감정을 놓치고 오답을 내놓는다. 사람은 그 불완전함 속에서 불안을 느끼지만, 동시에 자신이 여전히 필요한 이유를 발견한다. 마음의 안전지대는 외부의 안정이 아니라 관계의 균형에서 만들어진다.

AI와 민주주의?

불완전한 동료로서의 AI

AI는 적이 아니라 불완전한 동료다. 이 전제는 AI 시대의 심리적 안정을 설계하는 출발점이다. 적대적 관계에서는 방어가 작동하지만, 협력적 관계에서는 신뢰가 작동한다. 문제는 AI가 완벽하게 협력적이지도, 완벽하게 독립적이지도 않다는 점이다. AI는 빠르지만 맥락을 놓치고, 정확하지만 유연하지 않으며, 일관되지만 창의적이지 않다.

스탠퍼드 인간중심AI연구소(HAI, 2024)는 AI와의 협력에서 가장 중요한 것은 상호 보완성(Complementarity)이라고 밝혔다. AI가 잘하는 것은 AI에게 맡기고, 인간이 잘하는 것은 인간이 하는 구조. 이 명료한 원칙이 실무에서는 쉽게 무너진다. AI가 제안을 하면 사람은 의심한다. 이게 맞나? 내가 검증해야 하나? 그럼 내가 하는 게 더 빠른 거 아닌가?

MIT 테크놀로지 리뷰(2023)의 조사에 따르면, AI 도구를 도입한 조직 중 42%가 오히려 업무 복잡도가 증가했다고 답했다. AI가 일을 줄여주는 게 아니라, 검증하고 조율하는 일이 늘었기 때문이다. 기술은 효율을 약속하지만, 실제로는 새로운 책임을 만든다. 신뢰의 균형은 기술을 신뢰하되, 판단의 주체는 인간으로 남기는 것이다.

삼성전자는 2024년(SDC발표) R&D 조직에 AI 서포트 어시스턴트를 전면 도입했지만, 동시에 AI 검증 담당자라는 직군을 신설했다. 기술적 효율을 높이되, 인간의 판단을 중심에 두기 위한 장치였다. 카카오는 디자인 본부에 AI 브리핑봇을 적용하면서도 모든 최종 보고서에 인간 검증 필수 항목을 남겨두었다. 네이버의 HR 부서는 AI 리쿠르터 보조 시스템을 도입할 때 최종 합격 결정은 반드시 사람이 한다는 원칙을 명문화했다. 이는 단순한 윤리 규정이 아니라, 심리적 안전망이었다. 결국 기술의 신뢰는 시스템이 아니라 사람의 책임 위에서 완성된다.

적정 신뢰의 설계

완벽한 신뢰도, 완전한 불신도 답이 아니다. 필요한 것은 적정 신뢰(Calibrated Trust)다. 적정 산뢰란 AI의 능력과 한계를 정확히 이해하고, 그에 맞춰 의존도를 조절하는 것이다. 과신하면 치명적 오류를 놓치고, 과소평가하면 기술의 가치를 잃는다.

적정 신뢰의 핵심은 검증 가능성(Verifiability)이다. AI의 결과물을 인간이 검증할 수 있는 구조를 설계하는 것. 현대자동차 R&D 센터는 AI 설계 보조 도구를 사용할 때, AI가 제안한 설계안은 반드시 두 명 이상의 엔지니어가 검토하도록 규정을 만들었다. AI는 최적화된 설계를 제시하지만, 실제 제조 가능성은 인간이 판단한다. 이 이중 검증 구조 덕분에 설계 효율은 30% 올랐지만, 치명적 오류는 사라졌다.

MIT 테크놀로지 리뷰(2023)에 따르면 AI를 의사 결정 파트너로 활용한 조직은 의사 결정 스트레스를 평균 30% 줄였다. AI가 판단의 부담을 덜어주되, 최종 해석의 책임은 인간이 맡을 때 생기는 결과다. 중요한 것은 AI가 결정하지 않는다는 명확한 경계선이다. AI는 제안하고, 인간은 결정한다. 이 역할 분담이 명확할 때 협력은 안정된다.

적정 신뢰는 경험을 통해 교정된다. 처음엔 AI를 과신하거나 과소평가하지만, 여러 번의 협력을 거치며 AI가 잘하는 것과 못하는 것을 학습한다. 이 학습 과정이 조직 문화로 안착되면, AI는 도구에서 동료로 전환된다. 신뢰는 한 번에 완성되지 않는다. 반복된 상호작용 속에서 조율된다.

보완적 상호작용의 구조

AI와 인간의 협력은 대체가 아니라 보완이다. AI가 빠른 것을 인간이 따라잡으려 하면 번아웃이 오고, 인간의 판단을 AI가 대신하려 하면 신뢰가 무너진다. 보완적 상호작용이란 각자의 강점을 교차 배치하는 것이다.

IBM Institute for Business Value(2023)는 보완적 협력의 핵심을 세 가지로 정리했다. 첫째, 속도와 깊이의 분업이다. AI는 빠르게 초안을 만들고, 인간은 깊이 있게 다듬는다. 둘째, 패턴과 맥락의 분업이다. AI는 데이터 패턴을 찾고, 인간은 상황 맥락을 읽는다. 셋째, 일관성과 유연성의 분업이다. AI는 규칙을 지키고, 인간은 예외를 판단한다.

토스의 한 프로덕트 매니저는 이렇게 설명했다. "AI는 데이터를 분석해 고객 이탈 패턴을 찾아냅니다. 하지만 그 고객이 왜 떠나는지, 어떻게 붙잡을지는 제가 판단해요. AI는 '무엇'을 보여주지만, '왜'와 '어떻게'는 사람의 몫이죠." 이 역할 분담이 명확해지자, 팀의 의사 결정 속도는 빨라지고 정확도는 높아졌다.

네이버(2024.3.14)의 실험에서, AI가 사용자의 언어 톤을 분석해 피드백을 주자 직장인들의 커뮤니케이션 만족도가 올랐다. AI는 감정을 읽지 못하지만, 언어 패턴을 분석해 사람이 자신의 감정을 인식하도록 돕는다. 보완적 상호작용은 AI가 인간을 대체하는 것이 아니라,

인간이 스스로를 더 잘 이해하도록 돕는 구조다.

LG U+(2022)는 감정 기반 근로자 웰빙 프로그램을 운영하며 AI 감정 분석 도구를 도입했다. AI는 직원들의 언어 패턴을 분석해 번아웃 징후를 조기 감지했지만, 실제 상담과 지원은 인간 상담사가 담당했다. AI는 신호를 보내고, 인간은 개입한다. 이 구조 덕분에 번아웃 예방률이 40% 상승했다.

보완적 구조는 신뢰를 만든다. AI가 모든 것을 한다는 환상도, 인간이 모든 것을 해야 한다는 부담도 사라진다. 각자 잘하는 것을 하면 된다. 이 단순한 원칙이 실무에 안착되면, AI는 위협이 아니라 조력자가 된다.

감정의 거울로서의 AI

AI는 감정을 이해하지 못하지만 감정을 유발할 수 있다. 사람은 기술에 감정을 투사하고, AI는 그 감정을 반사한다. 이 반사 작용이 때로는 자기 인식의 계기가 된다. Pew Research Center(2023) 조사에 따르면, AI 챗봇 사용자 중 62%가 AI와의 대화가 자기 인식(self-reflection)에 도움이 되었다고 답했다. AI는 질문을 던지지 않지만, 사람은 그 안에서 스스로에게 질문을 던진다.

고려대학교 의과대학(2024)이 연구는 흥미로운 결과

를 보여 준다. AI 상담 챗봇을 사용한 우울증 환자들은 증상이 단기적으로 완화됐지만, 장기적 회복은 인간 상담사와의 관계에서 더 효과적이었다. AI는 즉각적 위로를 주지만, 깊은 치유는 관계에서 온다. AI는 거울이지 치유자가 아니다.

감정의 거울로서 AI를 활용하는 핵심은 거리두기다. AI는 판단하지 않기 때문에 안전하지만, 진짜 관계는 판단과 피드백을 동반한다. AI에게 털어놓으면 편하지만, 성장은 불편함 속에서 일어난다. AI는 연습 상대일 수 있지만, 실전은 인간과의 관계다.

한 HR 컨설턴트는 16년간의 경험을 이렇게 정리했다. "AI 코칭봇은 감정을 정리하는 데 도움이 됩니다. 하지만 진짜 변화는 사람과의 대화에서 일어나요. AI는 제 말을 들어주지만, 사람은 제 마음을 읽어줍니다." 감정의 거울은 반사만 할 뿐, 공명하지 않는다. 공명은 인간관계에서만 일어난다.

AI와 일하는 시간이 늘어날수록, 사람과 이야기하는 시간이 더 소중해졌다. 기술이 연결을 대체할 수 없다. 오히려 기술이 많아질수록 진짜 연결의 가치가 드러난다.

협력의 조건: 책임의 경계

AI와의 협력에서 가장 위험한 것은 책임의 모호함이다. AI가 잘못된 결과를 내놓았을 때, 누구의 책임인가? AI를 만든 개발자인가, AI를 선택한 조직인가, AI를 사용한 개인인가? 이 질문에 명확한 답이 없으면 신뢰는 무너진다.

2024년 미국 플로리다에서 14세 소년이 AI 챗봇과 대화하다 자해 충동을 느낀 사건이 있었다. 챗봇은 공감적 반응을 보였지만, 위기 상황을 인지하지 못했다. 책임은 누구에게 있었나? 이 질문은 여전히 논쟁 중이다. 영국 Oxford University(2024)는 AI 의료 진단의 정확도가 95%를 넘지만, 환자 만족도는 인간 의사보다 낮다고 밝혔다. 환자들은 AI가 병을 진단해도, 그 진단에 책임지는 사람이 누구인지 불안해했다.

협력의 조건은 책임의 경계를 명확히 하는 것이다. AI는 제안하고, 인간은 결정하며, 그 결정의 책임은 인간이 진다. 이 원칙이 조직 문화로 안착되면, AI는 협력자가 되고 인간은 안정감을 찾는다.

결국 AI는 인간의 불완전함을 드러내는 존재이자, 동시에 그 불완전함을 수용하게 만드는 존재다. 협력은 완벽한 일치가 아니라, 서로의 한계를 인정하는 데서 시작된다. AI 시대의 심리적 평정은 기술의 정밀함보다 인간의 불완전함을 이해하는 데서 완성된다.

우리가 AI와 함께 일하는 이유는 더 완벽해지기 위해서가 아니라, 불완전한 인간으로서 계속 성장하기 위해서다.

참고문헌

고려대학교 의과대학(2024). “디지털 정신 건강 챗봇의 사용자 경험과 개선 방향”. 한국콘텐츠학회논문지, 24(4), 542~552.

네이버(2024.03.14.). “네이버, 기술의 전 영역에 AI 확대하고 전문조직 중심으로 조직체계 변화”. 공식 보도자료. https://www.navercorp.com/media/pressReleasesDetail?seq=31713

삼성전자(2024.11.21). “Samsung Electronics Hosts Samsung Developer Conference(SDC) Korea 2024, Unveils Improved GenAI Model”. 공식 보도자료. https://news.samsung.com/global/samsung-electronics-hosts-samsung-developer-conference-korea-2024

LG U+(2022). “고객 감정 분석하는 ‘AI 콘텐츠 검색 기술’ 개발”. 공식 보도자료. https://www.lg.co.kr/media/release/25000

Davenport, T. H. & Miller, S. M.(2022). Working with AI: Real Stories of Human-Machine Collaboration. MIT Press. https://direct.mit.edu/books/book/5393/Working-with-AIReal-Stories-of-Human-Machine

IBM Institute for Business Value(2023). Augmented Work for an Automated, AI-Driven World. IBM Corporation. https://www.ibm.com/thought-leadership/institute-busine

ss-value/en-us/report/augmented-workforce
MIT Technology Review Insights(2023). "Laying the Foundation for Data- and AI-Led Growth". https://www.technologyreview.com/2023/10/05/1080618/laying-the-foundation-for-data-and-ai-led-growth/
Oxford University(2024). "AI doctor will see you now: public perspectives on artificial intelligence in healthcare". *BJR Artificial Intelligence, 2(1).* https://academic.oup.com/bjrai/article/2/1/ubaf003/8026692
Pew Research Center(2023). "Public Awareness of Artificial Intelligence in Everyday Activities". https://www.pewresearch.org/science/2023/02/15/public-awareness-of-artificial-intelligence-in-everyday-activities/
Stanford HAI(2024). AI Index Report 2024. Stanford University Institute for Human-Centered AI. https://aiindex.stanford.edu/report/
The New York Times(2024.10.23). "Can A.I. Be Blamed for a Teen's Suicide?". https://www.nytimes.com/2024/10/23/technology/characterai-lawsuit-teen-suicide.html

07
자기효능감의 안전망

AI가 손끝의 일을 대신하고 판단을 예측하는 시대, 사람은 '나는 여전히 의미 있는 존재인가'를 묻는다. 기술이 완벽해질수록 불안은 커지지만, 결국 변화를 버티게 하는 힘은 자기 자신에 대한 믿음이다. 자기효능감은 흔들리되 무너지지 않게 하는 내면의 확신이다.

AI와 애니메이션?

불확실한 시대를 견디는 내면의 힘

AI가 인간의 손끝을 대신하고 판단을 예측하는 시대, 사람들은 점점 더 자주 묻는다. 나는 여전히 의미 있는 존재인가. 기술이 빠르게 진화할수록 사람은 자신의 가치를 다시 증명해야 한다는 압박을 느낀다. 그러나 진짜 경쟁력은 기술이 아니라, 스스로를 믿는 힘에서 온다.

심리학자 앨버트 반두라(Albert Bandura, 1997)는 자기효능감(Self-Efficacy)을 특정 상황에서 요구되는 행동을 성공적으로 수행할 수 있다는 신념으로 정의했다. 자기효능감은 단순한 자신감이 아니라, 불확실한 환경에서도 행동을 지속하게 만드는 내적 에너지다. 자신감이 감정의 영역이라면, 자기효능감은 사고의 영역이다. 기술이 아무리 정밀해져도 자기 자신에 대한 신뢰가 없다면, 성과는 불안으로 변한다.

자기효능감과 자존감은 근본적으로 다르다. 자존감은 자기 자신에 대한 전반적 평가이지만, 자기효능감은 구체적 상황에서의 수행 능력에 대한 신념이다. 나는 가치 있는 사람이라고 믿으면서도 이 새로운 AI 도구는 배울 수 없을 것 같다고 느낄 수 있다. AI 시대에 중요한 것은 막연한 자존감이 아니라 구체적 자기효능감이다. 새로운 기술을 배울 수 있다는 신념, 변화에 적응할 수 있다는 확신이 심리적 안전망이 된다.

AI 불안의 근원은 기술 자체가 아니라 통제감의 상실이다. 변화의 속도가 인간의 학습 속도를 앞질렀을 때, 사람은 뒤처지고 있다는 감각을 받는다. 불안을 조절하는 힘은 기술의 이해가 아니라 신념의 강도에서 비롯된다.

자기효능감은 예측 가능성을 만든다. 예측할 수 없는 미래라도 나는 대응할 수 있다는 신념이 있으면 불안은 줄어든다. 반두라의 연구에 따르면, 자기효능감이 높은 사람은 도전적 과제를 위협이 아니라 성장의 기회로 인식한다. 이 차이는 행동으로 이어진다. 자기효능감이 높은 사람은 새로운 AI 도구가 나오면 일단 시도하고, 실패해도 학습의 기회로 삼는다. 자기효능감이 낮은 사람은 시작조차 하지 않는다. 자기효능감은 자기실현적 예언이 된다. 할 수 있다고 믿으면 실제로 하게 되고, 못한다고 믿으면 시도조차 하지 않게 된다.

성공 경험의 설계: 작지만 확실한 성취

자기효능감은 할 수 있다는 낙관이 아니라 해냈다는 경험에서 자란다. 반두라는 자기효능감의 가장 강력한 원천이 성취 경험이라고 밝혔다. 작은 성공을 반복적으로 경험할 때 사람은 자신에 대한 신뢰를 쌓는다. 중요한 것은 성공의 크기가 아니라 성공의 빈도와 인식이다.

성공 경험 설계의 핵심은 과제를 적절한 크기로 쪼개는 것이다. 거대한 변화를 한 번에 이루려 하면 실패 확률이 높고, 실패는 자기효능감을 급격히 떨어뜨린다. 셀리그만(Seligman, 1972)의 학습된 무기력 연구에 따르면, 반복된 실패 경험은 통제감을 상실시키고 시도 자체를 포기하게 만든다. 반대로 작은 성공을 반복하면 학습된 낙관성이 형성된다. 과제를 작은 단계로 나누고, 각 단계마다 성취감을 느끼도록 설계하면 신념은 점진적으로 강화된다.

와익(Weick, 1984)은 이를 스몰 윈 전략이라 명명했다. 조직 변화에서 작은 승리의 누적이 큰 변화보다 효과적이라는 것이다. AI 학습도 마찬가지다. 전사 AI 전환이라는 거대한 목표보다, 이번 주 한 가지 업무에 AI 적용하기라는 작은 목표가 실제 행동을 만든다. 성공 경험이 쌓이면 다음 도전의 문턱이 낮아진다.

중요한 것은 성공의 귀인(Attribution)이다. 같은 성과라도 그것을 운이나 외부 요인 탓으로 돌리면 자기효능감은 상승하지 않는다. 자신의 노력과 능력 덕분이라고 인식할 때 신념이 강화된다. 와이너(Weiner, 1985)의 귀인 이론에 따르면, 성공을 내적이고 통제 가능한 요인으로 귀인할 때 동기와 자기효능감이 상승한다. AI 덕분이 아니라 내가 AI를 잘 활용해서라는 프레임이 자기효능감을 높인다.

난이도 조절도 핵심이다. 칙센트미하이(Csikszentmihalyi, 1990)의 몰입 이론에 따르면, 도전과 기술이 균형을 이룰 때 최적의 경험이 일어난다. 도전이 너무 높으면 불안이 오고, 너무 낮으면 지루함이 온다. 현재 역량보다 약간 높은 난이도의 과제가 성장을 만든다. 비고츠키(Vygotsky, 1978)는 이를 근접 발달 영역이라 불렀다. 혼자서는 어렵지만 약간의 도움이 있으면 해낼 수 있는 영역. 이 영역에서의 성공이 가장 큰 학습을 만든다.

카카오엔터프라이즈는 AI 도입 후 마이크로 성공 프로그램을 운영했다. 직원이 작은 개선이라도 성취하면 그 과정을 공유하고 인정받는 구조다. AI가 일을 대신한 게 아니라 내가 더 잘 설계했다는 프레임이 자기효능감을 키웠다. 작은 성공의 누적은 곧 통제감의 회복으로 이어진다.

대리 학습과 사회적 지지의 구조화: 함께 배우는 힘

자기효능감은 개인의 내부에서만 만들어지지 않는다.

반두라가 제시한 두 번째 원천은 대리 경험이다. 타인의 성공을 관찰하고, 그 과정을 함께 경험할 때 내적 신념은 배가된다. 특히 자신과 비슷한 처지의 사람이 성공하는 것을 보면 나도 할 수 있다는 확신이 생긴다.

대리 학습의 핵심은 동질성(Similarity)이다. 전문가의 성공은 영감을 주지만, 동료의 성공은 확신을 준다. 전문가는 원래 잘하는 사람처럼 보이지만, 동료는 나와 비슷한 출발점에서 시작한 사람이다. 그 사람이 해냈다면 나도 할 수 있다는 논리가 작동한다. 반두라(1986)는 모델과의 유사성이 클수록 대리 학습의 효과가 크다고 밝혔다.

중요한 것은 성공 사례만이 아니라 실패 과정도 공유하는 것이다. 실패는 정상이고, 극복 가능하다는 메시지가 시도의 심리적 장벽을 낮춘다. 실패가 수치가 아니라 학습 과정임을 확인하면, 더 많은 사람이 시도를 시작한다.

세 번째 원천은 사회적 설득이다. 타인의 격려와 피드백이 자기효능감을 높인다. 단, 공허한 칭찬이 아니라 구체적이고 진정성 있는 인정이어야 한다. "잘했어"보다 "이 부분을 이렇게 개선한 게 정말 좋았어"가 효과적이다. 구체적 피드백은 무엇을 잘했는지 명확히 인식하게 만들고, 이것이 자기효능감을 강화한다.

자기결정성 이론의 창시자인 데시와 라이언(Deci & Ryan, 2000)은 자율성, 유능감, 관계성의 세 가지 심리 욕구가 충족될 때 AI 적응력이 가장 높다고 보고했다. 이는 데시와 라이언의 자기결정 이론과 일치한다. 사람은 외적 통제보다 내적 자율에서 안정감을 느낀다. AI 학습을 강제하면 저항이 생기지만, 스스로 선택하고 의미를 찾으면 동기가 내재화된다.

업스테이지는 신입에게 기술 멘토와 정서 멘토를 함께 연결하는 버디 제도를 도입했다. 기술만 빠르게 습득하면 번아웃이 오지만, 관계적 지지가 있으면 지속 가능하다. 6개월 후 버디 제도를 거친 신입의 이직률이 일반 신입보다 60% 낮았다. 기술 역량도 중요하지만, 심리적 안정이 지속 가능성을 만든다.

코헨(Cohen, 2004)의 연구에 따르면, 사회적 지지는 스트레스 상황에서 완충 효과를 가진다. 같은 스트레스라도 사회적 지지가 있으면 그 영향이 훨씬 작아진다. AI 변화의 스트레스도 마찬가지다. 혼자 감당하면 압도되지만, 함께 나누면 견딜 만해진다. 사회적 지지는 안전망이다. 실패해도 혼자 추락하지 않는다는 믿음이 시도를 가능하게 만든다.

정서 조절 루틴: 감정의 리듬을 되찾는 회복의 기술

반두라가 제시한 네 번째 원천은 정서 및 생리적 상태다. 불안, 피로, 스트레스는 자기효능감을 떨어뜨린다. 같은 과제라도 컨디션이 좋을 때와 나쁠 때 자신의 능력에 대한 판단이 달라진다. 따라서 정서를 조절하고 생리적 상태를 관리하는 것이 자기효능감 유지의 핵심이다.

기술이 아무리 빠르게 발전해도 사람의 마음에는 여전히 속도의 한계가 존재한다. AI가 업무를 효율적으로 바꾸는 만큼, 정서는 종종 뒤따라가지 못한다. 그러나 자기효능감이 높은 사람은 불안을 제거하려 하지 않는다. 대신, 감정의 리듬을 조율하며 그 불안을 다룬다.

보난노(George Bonanno, 2021)는 회복 탄력성은 감정의 억제가 아니라 조율에서 나온다고 했다. 불안을 느끼지 않으려 애쓰는 것이 아니라, 불안을 인식하고 적절히 대응하는 것이 건강한 정서 조절이다. 감정을 억압하면 오히려 증폭되지만, 인정하고 수용하면 강도가 약해진다. 이를 역설적 효과라 부른다.

정서 조절의 첫 단계는 감정 명명(Emotion Labeling)이다. 지금 내가 느끼는 것이 불안인지, 좌절인지, 두려움인지를 정확히 구분하면 그 감정의 힘은 약해진다. 리버먼(Lieberman, 2007) 연구에 따르면, 감정에 이름을 붙이는 것만으로도 편도체의 활성이 감소하고 전전두피질이 활성화된다. 감정을 언어화하면 반응적 뇌에서 사고하는 뇌로 전환된다. 막연한 불편함은 압도적이지만, 명명된 감정은 다룰 수 있는 대상이 된다.

두 번째 단계는 의도적 멈춤이다. 뇌는 지속적으로 집중할 수 없다. 울트라디안 리듬 연구에 따르면, 인간의 집중력은 90~120분 주기로 변한다. 이 주기를 무시하고 계속 일하면 효율이 떨어진다. 반대로 이 주기에 맞춰 휴식하면 장기적 생산성이 올라간다. 멈춤은 게으름이 아니라 회복의 전략이다. LG에너지솔루션은 AI 자동화 이후 디지털 리셋 타임을 신설했다. 매일 15분간 모든 알림을 끄고 쉬는 시간을 제도화하자, 구성원들의 정서 안정감이 높아졌다.

세 번째 단계는 루틴의 개인화다. 어떤 사람은 운동으로 스트레스를 풀고, 어떤 사람은 음악으로 감정을 조절한다. 중요한 것은 자신에게 맞는 루틴을 찾고, 일상에 안착시키는 것이다. 루틴은 습관이 되고, 습관은 성격이 되며, 성격은 운명이 된다.

네 번째 단계는 자기 자비다. 네프(Neff, 2003)는 자기 자비를 자신의 고통을 인정하고, 친절하게 대하며, 보편적 인간 경험으로 받아들이는 것으로 정의했다. AI 시대에 뒤처진다고 느낄 때, 자신을 비난하지 않고 누구나 어려워하는 일이라고 수용하면 자기효능감은 보호된다.

자기 비판은 자기효능감을 갉아먹는다. "나는 왜 이것도 못해"라는 질문은 학습을 막는다. 반대로 "아직 배우는 중이야"라는 프레임은 성장을 가능하게 만든다. 드웩(Dweck, 2006)의 성장 마인드세트 연구에 따르면, 능력을 고정된 것으로 보는 사람은 실패를 회피하지만, 능력을 개발 가능한 것으로 보는 사람은 실패를 학습의 기회로 삼는다.

정서 조절의 최종 목표는 감정의 수용과 활용이다. 불안을 제거하는 것이 아니라, 불안과 함께 행동하는 것. 수용 전념 치료(Hayes, 2004)는 감정을 통제하려 하지 말고, 수용하며 가치에 따라 행동하라고 가르친다. 불안하지만 배운다. 두렵지만 시도한다. 감정과 행동을 분리할 때 자기효능감은 유지된다.

AI가 일의 효율을 높인다면, 자기효능감은 감정의 효율을 높인다. 자신을 믿는 힘이 회복될 때, 사람은 흔들리되 무너지지 않는다. 기술이 세상의 속도를 높인다면, 자기효능감은 사람의 리듬을 지켜낸다. 그것은 외부의 경쟁을 이기는 힘이 아니라, 내면의 균형을 유지하는 능력이다.

AI 시대의 진짜 안정은 기술의 완성에서 오는 것이 아니라, 자신을 신뢰하는 내면의 확신에서 비롯된다. 이 믿음이 곧 마음의 안전지대이며, 불확실한 시대를 견디는 사람의 마지막 방어선이다. 성공 경험을 설계하고, 사회적 지지를 구조화하며, 정서를 조율하는 일상의 루틴이 자기효능감을 세운다. 그리고 그 자기효능감이 심리적 안전망이 된다.

참고문헌

Bandura, A.(1977). *Social Learning Theory*. Prentice Hall.

Bandura, A.(1986). *Social Foundations of Thought and Action: A Social Cognitive Theory*. Prentice Hall.

Bandura, A.(1997). *Self-Efficacy: The Exercise of Control*. W.H. Freeman and Company.

Bonanno, G. A.(2021). The End of Trauma: How the New Science of Resilience Is Changing How We Think About PTSD. Basic Books. https://www.basicbooks.com/titles/george-a-bonanno/the-end-of-trauma/9781541674376

Cohen, S.(2004). Social relationships and health. *American Psychologist, 59*(8), pp.676~684.

Csikszentmihalyi, M.(1990). *Flow: The Psychology of Optimal Experience*. Harper & Row.

Deci, E. L. & Ryan, R. M.(2000). The "what" and "why" of goal pursuits: Human needs and the self-determination of behavior. *Psychological Inquiry, 11*(4), pp.227~268.

Dweck, C. S.(2006). *Mindset: The New Psychology of Success.* Random House.

Hayes, S. C.(2004). Acceptance and commitment therapy, relational frame theory, and the third wave of behavioral and cognitive therapies. *Behavior Therapy, 35*(4), pp.639~665.

Lieberman, M. D. et al.(2007). Putting feelings into words: Affect labeling disrupts amygdala activity in response to affective stimuli. *Psychological Science, 18*(5), pp.421~428.

Neff, K. D.(2003). Self-compassion: An alternative conceptualization of a healthy attitude toward oneself. *Self and Identity, 2*(2), pp.85~101.

Seligman, M. E. P.(1972). Learned helplessness. *Annual Review of Medicine, 23*, pp.407~412.

Vygotsky, L. S.(1978). *Mind in Society: The Development of Higher Psychological Processes.* Harvard University Press.

Wegner, D. M.(1994). Ironic processes of mental control. *Psychological Review, 101*(1), pp.34~52.

Weick, K. E.(1984). Small wins: Redefining the scale of social problems. *American Psychologist, 39*(1), pp.40~49.

Weiner, B.(1985). An attributional theory of achievement motivation and emotion. *Psychological Review, 92*(4), pp.548~573.

08
불확실성의 수용

AI는 확실성을 보장하지 않는다. 오히려 예측을 무력화하고, 통제를 시험한다. 이 시대에 필요한 것은 모든 답을 아는 능력이 아니라, 모호함을 견디는 힘이다. 불확실성을 통제하려는 사람은 불안을 키우지만, 그것을 수용하는 사람은 가능성을 확장한다. AI 시대의 지혜는 '확실한 계획'이 아니라 '불완전한 방향'을 믿는 용기에서 시작된다.

AI와 인재 채용?

불확실성의 본질: 예측의 무력화

AI는 확실성을 약속하지 않는다. 오히려 확실성을 해체한다. 기술이 진보할수록 사람은 더 많은 데이터를 얻지만, 미래는 더 불투명해진다. 예측이 정교해질수록 변수는 더욱 많아진다. 이 역설적 구조가 바로 AI 시대의 심리적 풍경이다.

한국고용정보원(2024)에 따르면, 20~30대 응답자의 73%가 AI로 인해 진로 불안을 느낀다고 답했다. AI가 만들어 낸 것은 불확실성 그 자체가 아니라, 불확실성을 실시간으로 인식하는 감각이다. 기술이 빠르게 변하면 세상도 빠르게 변한다. 그 속도가 사람의 적응 속도를 앞지를 때, 불확실성은 실존적 불안이 된다.

불확실성은 단순한 위협이 아니라 인지적 자극이다. 사람의 뇌는 미지의 상황에서 불안을 느끼지만, 동시에 학습과 적응을 활성화한다. 신경과학 연구에 따르면, 예측 불가능한 보상이 예측 가능한 보상보다 더 강한 도파민 반응을 일으킨다. 불확실성은 사람의 주의를 집중시키고, 뇌의 탐색 시스템을 작동시킨다. 따라서 불확실성은 단순히 피해야 할 대상이 아니라, 학습과 성장의 조건으로 기능한다.

AI가 주는 불확실성은 세 가지 형태로 나타난다. 첫

째, 직업적 불확실성이다. 자동화로 인한 일자리 대체 가능성은 생존 불안을 낳는다. 둘째, 정체성의 불확실성이다. 사람의 역할이 재정의되면서 나는 무엇으로 존재할 것인가라는 근본적 질문이 생긴다. 셋째, 관계적 불확실성이다. AI와의 상호작용이 사람관계를 대체할수록 소속감의 재구성이 요구된다. 이 세 가지 불확실성은 서로 얽혀 있으며, 개인의 심리적 균형을 시험한다.

예측의 강박을 내려놓기: 통제의 환상

불확실성을 견디지 못하는 이유는 통제에 대한 강박 때문이다. 사람은 미래를 예측하고 통제할 수 있다고 믿을 때 안정감을 느낀다. 그러나 AI 시대는 이 통제감을 끊임없이 시험한다. 기술이 빠르게 변하고, 직무가 재편되며, 기회가 유동적으로 움직인다. 모든 것을 예측하고 계획하려는 시도는 오히려 불안을 증폭시킨다.

심리학에서 이를 불확실성 불내성(Intolerance of Uncertainty)이라 부른다. 두가스와 로비쇼(Dugas & Robichaud, 2007)의 연구에 따르면, 불확실성을 견디지 못하는 사람일수록 불안 수준이 높고, 회피 행동이 많으며, 의사 결정을 미루는 경향이 있다. 반대로 불확실성을 수용하는 사람은 스트레스가 낮고, 적응력이 높으며,

새로운 기회를 탐색하는 경향이 있다.

불확실성 치료 연구(Koerner, 2022)에 따르면 '불확실성 수용 훈련(Uncertainty Acceptance Training)' 프로그램에 참여한 집단이 대조군보다 스트레스 수준은 대형 효과(g=-0.94)로 유의미하게 낮아졌고, 인지적 유연성은 유의미하게 향상되었다.

이는 불확실성을 제거하려는 시도가 오히려 불안을 증폭시키는 반면, 그것을 존재 조건으로 인정할 때 감정의 진폭이 줄어든다는 점을 보여 준다. 역설적이지만, 통제를 포기할 때 오히려 마음은 안정된다.

예측의 강박을 내려놓는다는 것은 무계획을 의미하지 않는다. 대신 계획의 성격이 바뀐다. 고정된 목표를 세우는 대신, 방향을 설정한다. 5년 후의 구체적 직무를 정하는 대신, 내가 기여하고 싶은 가치를 정한다. 확실한 경로를 그리는 대신, 탐색 가능한 영역을 넓힌다. 이것이 불확실성 시대의 계획이다.

빅터 프랭클(Viktor Frankl, 1946)은 사람은 상황을 바꿀 수 없을 때, 자신을 바꿀 자유를 가진다고 말했다. 불확실성을 통제하려 하지 않고 그 안에서 의미를 찾는 것이 성숙한 심리의 핵심이다. 통제할 수 없는 세계에서 진짜 통제란 태도의 선택뿐이다.

탐색의 역량: 인지적 유연성 키우기

불확실성을 수용하는 것은 수동적 체념이 아니라 능동적 탐색이다. 예측이 불가능하면 탐색이 필요하다. 탐색의 핵심은 인지적 유연성(Cognitive Flexibility)이다. 이는 상황이 변할 때 사고방식을 전환하고, 새로운 관점을 시도하며, 기존 틀을 재구성하는 능력이다.

인지적 유연성이 높은 사람은 한 가지 방법이 막히면 다른 방법을 시도한다. 한 가지 역할이 사라지면 다른 역할을 찾는다. 한 가지 관점이 통하지 않으면 다른 관점을 채택한다. 이것이 탐색의 본질이다. 고정된 답을 찾는 것이 아니라, 가능한 답들을 계속 시도하는 것.

스탠퍼드 대학의 캐롤 드웩(Carol Dweck, 2006)은 성장 마인드세트(Growth Mindset)을 제시했다. 능력을 고정된 것으로 보는 고정 마인드세트는 실패를 회피하고 불확실성을 두려워한다. 반면 능력을 개발 가능한 것으로 보는 성장 마인드세트는 실패를 학습으로 보고 불확실성을 기회로 본다. AI 시대에 필요한 것은 성장 마인드세트다. 내가 지금 모른다는 것은 문제가 아니다. 배울 수 있다는 것이 핵심이다.

탐색의 역량은 시나리오 사고(Scenario Thinking)로 훈련할 수 있다. 미래를 하나로 예측하지 않고, 여러 가능성을 동시에 상상하는 것이다. 만약 A가 일어나면 어떻게 할까. 만약 B가 일어나면 어떻게 대응할까. 이 훈련은 예측을 정확히 하려는 것이 아니라, 어떤 상황에서도 대응할 수 있다는 확신을 만든다. 불확실성 속에서 방향을 잃지 않는 능력은 예측이 아니라 준비에서 온다.

실제로 번역가는 AI 번역기의 등장으로 직업적 위기를 느꼈지만, 맥락을 다듬는 전문가로 역할을 전환하며 더 높은 부가가치를 창출했다. 디자이너는 AI 이미지 생성 도구에 위협을 느꼈지만, 고객의 감정을 읽는 능력으로 자신만의 영역을 구축했다. 이들은 고정된 역할을 지키려 하지 않고, 변화 속에서 새로운 역할을 탐색했다. 탐색은 생존 전략이다.

안티프래질: 불확실성에서 강해지기

철학자 나심 니콜라스 탈레브(Nassim Nicholas Taleb, 2012)는 안티프래질(Antifragile) 개념을 제시했다. 프래질(Fragile)은 충격에 약하고 깨지는 것이다. 로버스트(Robust)는 충격을 견디는 것이다. 그렇다면 안티프래질은 무엇인가. 충격에서 강해지는 것이다. 스트레스와 불확실성이 오히려 시스템을 강화시킨다.

탈레브는 스트레스와 충격이 없는 시스템은 강해지지

않는다고 말했다. 근육은 부하를 받을 때 강해지고, 면역계는 병원균에 노출될 때 강화된다. 마찬가지로 사람의 심리도 불확실성에 노출될 때 회복 탄력성을 획득한다. 심리학자 조지 보난노(George Bonanno, 2004)의 연구는 회복 탄력성이 높은 사람일수록 불확실한 상황에서 빠르게 적응하고, 위기 이후 더 높은 수준의 안정감을 경험했다고 밝혔다. 불확실성은 사람의 심리적 면역체계를 자극하는 백신이다.

안티프래질을 일상에 적용하는 방법은 작은 실패를 설계하는 것이다. 크고 치명적인 실패를 피하되, 작고 회복 가능한 실패는 적극적으로 시도한다. 새로운 AI 도구를 배울 때, 완벽히 익힌 후 사용하는 것이 아니라 일단 시도하고 실패하며 배운다. 새로운 프로젝트를 시작할 때, 완벽한 계획을 세운 후 시작하는 것이 아니라 작은 프로토타입으로 시작하고 피드백을 받으며 수정한다.

안티프래질의 핵심은 옵션을 유지하는 것이다. 한 가지에 모든 것을 걸지 않는다. 여러 가능성을 열어둔다. 한 가지가 실패해도 다른 길이 있다는 확신이 불확실성 속에서 안정감을 만든다. 이것이 포트폴리오 사고다. 투자자가 분산 투자로 리스크를 관리하듯, 개인도 역량, 관계, 기회를 분산시켜 불확실성을 관리한다.

불확실성 속 의사 결정: 방향과 유연성

불확실성 시대의 의사 결정은 정확성이 아니라 방향성에 기반한다. 5년 후 어디에 있을지 정확히 알 수 없지만, 어느 방향으로 가고 싶은지는 정할 수 있다. 어떤 기술을 배워야 할지 확실하지 않지만, 어떤 가치를 실현하고 싶은지는 명확히 할 수 있다. 방향이 있으면 불확실성 속에서도 길을 잃지 않는다.

의사 결정의 두 번째 원칙은 가역성(Reversibility)이다. 되돌릴 수 없는 결정은 신중히 하되, 되돌릴 수 있는 결정은 빠르게 한다. 새로운 AI 도구를 시도하는 것은 가역적 결정이다. 안 맞으면 그만두면 된다. 반면 전공을 바꾸거나 이직하는 것은 비가역적 결정이다. 신중해야 한다. 가역적 결정을 빠르게 반복하면서 정보를 얻고, 그 정보로 비가역적 결정의 질을 높인다.

세 번째 원칙은 만족화(Satisficing)다. 허버트 사이먼(Herbert Simon, 1956)이 제시한 이 개념은, 최적을 찾으려 하지 않고 충분히 좋은 것을 선택하는 전략이다. 불확실성이 높을 때는 최적을 찾을 수 없다. 충분히 좋은 선택을 빠르게 하고, 실행하며 조정하는 것이 더 효과적이다. 완벽한 계획을 세우느라 시작하지 못하는 것보다, 불완전한 계획으로 시작해 수정하는 것이 낫다.

AI 시대의 안정감은 확실한 계획이 아니라 변화에 반응하는 능력에서 온다. 예측 가능한 경로는 줄어들고, 예측 불가능한 가능성은 늘어난다. 불확실성은 혼돈이 아니라 창조의 전제다. 기술은 미래를 정해주지 않는다. 사람은 그 불확실한 미래 속에서 방향을 정한다. 불확실성의 수용은 단순한 심리적 태도가 아니라, 새로운 생존 기술이다.

참고문헌

한국고용정보원(2024). "제8차 고용노동시장 전망: 2024-2026". https://www.keis.or.kr

Bonanno, G. A.(2004). Loss, trauma, and human resilience. *American Psychologist, 59*(1), pp.20~28.

Dugas, M. J. & Robichaud, M.(2007). *Cognitive-Behavioral Treatment for Generalized Anxiety Disorder: From Science to Practice.* Routledge.

Dweck, C. S.(2006). *Mindset: The New Psychology of Success.* Random House.

Frankl, V. E.(1946). *Man's Search for Meaning.* Beacon Press.

Koerner, N. et al.(2022). "Intolerance of Uncertainty Therapy: State of the Science". *Clinical Psychology Review.*

Simon, H. A.(1956). Rational choice and the structure of the environment. *Psychological Review, 63*(2), pp.129~138.

Sundström, C. et al.(2024). "Effect of Psychotherapy on Intolerance of Uncertainty: A Systematic Review and

Meta-analysis". *Clinical Psychology & Psychotherapy.*
Taleb, N. N.(2012). *Antifragile: Things That Gain from Disorder.* Random House.

09
감정을 다스리는 과학적 훈련

AI 시대의 가장 큰 피로는 정보 과부하보다 감정 과부하에서 온다. 기술이 사람의 두뇌를 대신하는 동안, 사람의 마음은 더 많은 자극과 압박을 감당하게 되었다. 하루에도 수십 번, 새로운 모델이 등장하고 알고리즘이 바뀐다. 우리는 그 변화의 속도를 따라가려 애쓰지만, 동시에 스스로를 잃어간다. 감정을 통제하지 못하면 기술이 아니라 감정이 사람을 지배한다.

AI와 기자?

감정 과부하의 본질

AI 시대의 불안은 단순히 일자리 위협이나 기술 변화에서만 오는 것이 아니다. 더 근본적인 문제는 감정적 자극의 과잉이다. 알림은 끊임없이 울리고, 정보는 실시간으로 쏟아지며, 비교는 즉각적으로 일어난다. 사람의 감정 처리 체계는 이 속도를 따라가지 못한다. 뇌는 진화적으로 느린 변화에 최적화되어 있다. 빠른 변화는 감정 시스템을 과부하 상태로 만든다.

감정 과부하는 두 가지 형태로 나타난다. 첫째는 감정 무감각(Emotional Numbness)이다. 너무 많은 자극에 노출되면 뇌는 방어 기제로 감각을 차단한다. 아무것도 느껴지지 않는 상태. 둘째는 감정 폭발(Emotional Outburst)이다. 억눌렸던 감정이 작은 계기로 폭발한다. 사소한 일에 과도하게 반응하는 상태. 이 두 극단 사이를 오가는 것이 감정 과부하의 증상이다.

심리학은 감정을 통제의 대상이 아니라 해석의 대상으로 본다. 존 카밧진(Jon Kabat-Zinn, 1994)은 마음챙김(mindfulness)을 통제의 부재 속에서 주의를 회복하는 행위로 정의했다. 즉 감정은 억누를 것이 아니라 관찰할 대상이다. 인지 행동 치료(CBT)의 창시자 아론 벡(Aaron Beck, 1979) 역시 감정 조절의 핵심을 사고의 재구조화로 보았다. 사람은 상황이 아니라 그 상황에 대한 해석 때문에 고통받는다. AI 시대의 불안 역시 마찬가지다. 기술이 문제라기보다 기술을 바라보는 인식이 문제다.

호흡과 신경계: 감정 조절의 생리학

감정 조절은 추상적 개념이 아니라 생리적 과정이다. 불안이 심할 때 신경계는 교감신경을 활성화시키며 호흡이 빨라지고 심박수가 증가한다. 이것이 투쟁-도피 반응(Fight-or-Flight Response)이다. 뇌는 위협을 감지하고, 몸은 생존 모드로 전환한다. 문제는 AI 시대의 위협이 실제 물리적 위협이 아니라는 점이다. 호랑이가 달려드는 것이 아니라 이메일이 쌓이는 것이다. 그러나 뇌는 구분하지 못한다.

호흡을 의도적으로 늦추면 부교감신경이 작동하며 신체가 안정된다. 단순한 호흡 훈련 하나가 뇌의 감정 조절 회로를 되살린다. 마음챙김 연구(2024)에 따르면, 4주간의 호흡·명상 훈련을 받은 대학생 집단의 스트레스 지수와 수면의 질이 유의미하게 개선됐다. 감정의 안정은 뇌가 아니라 호흡에서 시작된다.

호흡 조절의 핵심은 의도성이다. 자동적 호흡이 아니라 의식적 호흡. 4-7-8 호흡법이 대표적이다. 4초 동안

들이마시고, 7초 동안 멈추고, 8초 동안 내쉰다. 이 패턴을 반복하면 심박변이도(Heart Rate Variability)가 증가하고, 이는 스트레스 회복력의 지표다. 호흡은 자율신경계에 직접 개입할 수 있는 유일한 생리 기능이다. 심장박동이나 소화는 의지로 조절할 수 없지만, 호흡은 할 수 있다. 이것이 호흡이 감정 조절의 시작점인 이유다.

하버드 mindfulness 연구팀(Hölzel et al., 2011)에 따르면 8주 마음챙김 훈련이 뇌의 감정 조절 영역(편도체 포함)의 회백질 밀도를 증가시켜 불안 반응을 약화시켰다. 편도체는 공포와 불안을 처리하는 뇌 영역이다. 이 연구는 감정 폭발이나 불안 반응이 실제로 훈련을 통해 구조적으로 개선될 수 있다는 것을 의미한다. 감정은 타고나는 것이 아니라 단련되는 것이다.

주의의 회복: 마음챙김

마음챙김(Mindfulness)은 현재 순간에 판단 없이 주의를 기울이는 것이다. 과거를 후회하지 않고, 미래를 걱정하지 않고, 지금 이 순간에 머무는 것. 단순해 보이지만 실천은 어렵다. 사람의 마음은 끊임없이 과거와 미래를 오간다. 특히 AI 시대에는 더욱 그렇다. 다음 기술 트렌드는 무엇일까. 내 일은 없어지지 않을까. 이 도구를 배워야 할까. 마음은 항상 미래에 있다.

마음챙김은 이 산만함을 멈추고 주의를 회복하는 훈련이다. 방법은 간단하다. 호흡에 집중한다. 들숨과 날숨을 관찰한다. 마음이 다른 곳으로 가면, 그것을 알아차리고, 다시 호흡으로 돌아온다. 이 과정을 반복한다. 마음이 떠도는 것은 실패가 아니다. 그것을 알아차리고 돌아오는 것이 훈련이다.

카밧진의 마음챙김 기반 스트레스 감소(MBSR) 프로그램은 8주 과정이다. 매일 45분씩 명상을 하고, 주 1회 2시간 그룹 세션에 참여한다. 이 프로그램을 이수한 사람들은 불안, 우울, 신체 통증이 유의미하게 감소했다. 마음챙김은 단순한 이완 기법이 아니라 주의력 훈련이다. 주의를 의도적으로 조절하는 능력이 곧 감정을 조절하는 능력이다.

디지털 환경은 주의를 끊임없이 분산시킨다. 알림, 메시지, 피드는 주의를 빼앗는다. 마음챙김은 이 분산된 주의를 회복하는 훈련이다. 삼성서울병원 정신건강의학과는 디지털 디톡스 프로그램에 마음챙김을 접목했다. 참가자 대다수가 디지털 스트레스 감소와 감정 조절 능력 향상을 보고했다. 스마트폰이나 AI 도구는 업무를 돕지만, 동시에 감정적 과로를 초래한다. 기술을 멀리하는 시간이 곧 감정을 회복하는 시간이다.

사고의 전환: 인지 재구조화

인지 행동 치료(CBT)의 핵심은 인지 재구조화(Cognitive Restructuring)다. 사람은 사건 자체가 아니라 그 사건에 대한 해석 때문에 감정을 느낀다. 같은 상황을 두고도 어떻게 해석하느냐에 따라 감정이 달라진다. AI가 업무를 자동화한다는 사실은 동일하다. 그러나 이를 위협으로 해석하면 불안이 오고, 기회로 해석하면 동기가 생긴다.

인지 재구조화는 세 단계로 이루어진다. 첫째, 자동적 사고(Automatic Thoughts)를 인식한다. AI가 내 일을 빼앗을 것이다. 나는 쓸모없어질 것이다. 이런 생각들은 자동으로 떠오른다. 의식하지 않으면 사실처럼 느껴진다. 둘째, 이 사고의 타당성을 검토한다. 정말 모든 일이 대체될까. 정말 쓸모없어질까. 증거는 무엇인가. 반박 증거는 무엇인가. 셋째, 대안적 사고를 구성한다. AI는 나의 일을 바꿀 것이다. 나는 새로운 역할을 찾을 것이다.

이 과정을 반복하면 뇌는 위협 대신 가능성을 인식하기 시작한다. 감정은 생각이 바뀔 때 재구성된다. 벡(Beck, 1979)은 우울증 환자의 핵심 문제가 왜곡된 인지 구조라고 밝혔다. 세상을 부정적으로 해석하는 렌즈를 쓰고 있는 것이다. 렌즈를 바꾸면 세상이 달라 보인다. AI 불안도 마찬가지다. 해석의 렌즈를 바꾸면 감정이 달라진다.

다트머스대 Therabot(2025)이 개발한 AI 챗봇 테라봇은 인지 행동 치료 기반 대화를 통해 사용자의 감정 상태를 분석하고 매일 감정 점검 리포트를 제공한다. 이러한 챗봇을 지속적으로 사용한 그룹에서 우울 증상과 사회 불안이 유의미하게 감소하는 것으로 나타났다. 이는 AI가 공감의 대체자는 될 수 없지만, 감정의 거울로는 기능할 수 있음을 보여 준다. AI는 생각의 패턴을 비춰주고, 사람은 그 패턴을 보며 스스로를 수정한다.

디지털 환경과 감정 소진

디지털 환경은 감정을 소진시키는 구조적 특성을 가지고 있다. 첫째, 끊임없는 자극이다. 알림, 업데이트, 피드는 주의를 분산시키고 감정을 피로하게 만든다. 둘째, 즉각적 반응의 압박이다. 메시지에 빠르게 답해야 하고, 트렌드를 놓치지 말아야 한다는 압박. 셋째, 비교의 일상화다. SNS는 다른 사람의 성공을 끊임없이 보여 준다. 비교는 불만족을 만든다.

감정 소진(Emotional Exhaustion)은 번아웃의 핵심

증상이다. 감정적으로 고갈된 상태. 아무것도 느껴지지 않고, 모든 것이 무의미하게 느껴진다. 마슬락(Maslach, 1982)의 번아웃 연구에 따르면, 감정 소진은 개인적 성취감 저하와 냉소주의로 이어진다. 디지털 환경은 이 감정 소진을 가속화한다.

감정을 회복하는 첫 단계는 의도적 차단이다. 디지털 디톡스는 단순히 기술을 멀리하는 것이 아니라, 감정 회복의 시간을 확보하는 것이다. 하루 1시간, 또는 주말 반나절이라도 모든 디지털 기기를 끄는 것. 이 시간에 감정이 회복된다. 뇌는 쉬어야 감정을 처리한다. 쉼 없이 자극이 들어오면 처리할 시간이 없다.

둘째는 감정 표현이다. 감정을 억압하면 쌓인다. 표현하면 해소된다. 일기 쓰기, 대화하기, 예술 활동은 모두 감정 표현의 방법이다. 페니베이커(Pennebaker, 1997)의 연구에 따르면, 힘든 경험을 글로 쓰는 것만으로도 심리적 · 신체적 건강이 개선된다. 감정은 언어화될 때 통제 가능한 대상이 된다.

셋째는 관계적 회복이다. 진짜 사람과의 대화, 함께 있는 시간이 감정을 회복시킨다. 디지털 소통은 효율적이지만 깊이가 없다. 얼굴을 보고, 목소리를 듣고, 침묵을 공유하는 것. 이것이 감정을 채운다. AI와 대화하는 시간이 늘어날수록, 사람과 대화하는 시간이 더 소중해진다.

감정 조절은 훈련이다

감정 조절은 반복 훈련을 통해 강화되는 심리적 근육이다. 매일의 명상, 짧은 호흡, 그리고 생각의 전환이 그 근육을 단단하게 만든다. 한 번의 시도로 바뀌지 않는다. 반복해야 습관이 되고, 습관이 되어야 자동화된다.

운동선수가 근육을 키우듯, 감정 조절 능력도 훈련으로 키운다. 차이는 감정 근육은 보이지 않는다는 것이다. 그러나 효과는 명확하다. 같은 스트레스를 받아도 덜 흔들린다. 같은 자극을 받아도 덜 반응한다. 회복 속도가 빨라진다. 이것이 감정 근육이 강해진 증거다.

감정 조절 훈련의 핵심은 일관성이다. 매일 10분씩 하는 것이 일주일에 한 번 1시간 하는 것보다 효과적이다. 작은 습관이 큰 변화를 만든다. 아침에 일어나서 5분 명상, 점심 후 3분 호흡, 잠들기 전 5분 일기. 이 작은 루틴이 감정 체력을 키운다.

AI는 사람의 사고 속도를 따라잡았지만, 사람의 감정 속도는 여전히 사람의 것이다. 불안을 제거할 수는 없지만, 불안을 다스릴 수는 있다. 기술의 속도를 통제할 수는 없지만, 내 마음의 속도를 조절할 수는 있다. 그 차이가 사람을 사람답게 만든다.

감정을 훈련한다는 것은 단순히 마음을 다스리는 것이 아니라 자기 자신을 다시 설계하는 일이다. 감정의 균형을 되찾는 사람은 기술의 파도 속에서도 중심을 잃지 않는다. 결국 감정 조절 능력은 AI 시대의 새로운 경쟁력이다.

참고문헌

Beck, A. T. et al.(1979). *Cognitive Therapy of Depression.* Guilford Press.

Hölzel, B. K. et al.(2011). "Mindfulness practice leads to increases in regional brain gray matter density". *Psychiatry Research: Neuroimaging, 191(1)*, 36~43.

Kabat-Zinn, J.(1994). *Wherever You Go, There You Are: Mindfulness Meditation in Everyday Life.* Hyperion.

Maslach, C.(1982). *Burnout: The Cost of Caring.* Prentice-Hall.

Pascoe, M. C. et al.(2021). "Psychobiological mechanisms underlying the mood benefits of meditation". *Comprehensive Psychoneuroendocrinology, 6,* 100043.

Pennebaker, J. W.(1997). Writing about emotional experiences as a therapeutic process. *Psychological Science, 8*(3), pp.162~166.

10
몸을 챙기는 지구력

AI 시대의 경쟁력은 속도가 아니라 지구력이다. 기술이 사람의 사고를 대체하는 동안, 사람이 유지해야 할 것은 체력과 회복력이다. 하루의 피로가 누적되고 수면이 부족한 상태에서 아무리 뛰어난 도구를 다뤄도 창의성은 발휘되지 않는다. 신체적 회복이 이루어지지 않으면 심리적 안정도 존재하지 않는다.

AI와 미래 의사?

만성 스트레스의 생리학: 몸이 보내는 신호

로버트 사폴스키(Robert Sapolsky, 2004)는 만성 스트레스가 신체를 파괴하고, 그것이 다시 정신을 무너뜨린다고 말했다. 스트레스는 단순히 마음의 문제가 아니라, 몸의 염증 반응으로 나타난다. 코르티솔 수치가 지속적으로 높아질 때 면역력이 떨어지고, 기억력과 집중력 또한 저하된다. 기술의 속도를 따라가려는 사람의 몸은 결국 과열된다.

스트레스 반응은 원래 단기적 생존 메커니즘이다. 위험한 상황에서 도망가거나 싸우기 위해 진화했다. 심장 박동이 빨라지고, 혈당이 올라가며, 근육에 혈액이 집중된다. 문제는 현대의 스트레스가 만성적이라는 것이다. 호랑이가 사라진 후에도 신체는 계속 경계 상태에 있다. AI 시대의 스트레스는 더욱 그렇다. 끝나지 않는 알림, 쌓이는 업무, 변화하는 기술. 신체는 쉴 틈이 없다.

만성 스트레스는 HPA 축(Hypothalamic-Pituitary-Adrenal axis)을 과활성화시킨다. 시상하부가 뇌하수체를 자극하고, 뇌하수체가 부신을 자극해 코르티솔을 분비한다. 단기적으로는 에너지를 동원하지만, 장기적으로는 신체를 소진시킨다. 면역계가 약해지고, 염증이 증가하며, 신경세포가 손상된다. 해마의 신경 생성

(neurogenesis)이 감소하면 기억력이 떨어진다. 전전두피질의 기능이 저하되면 판단력이 흐려진다.

수면 연구(Walker, 2017)에 따르면, AI 기반 업무 환경에서 업무 후 디지털 사용 시간이 긴 집단은 수면 시간이 유의미하게 단축되고 피로 회복이 저하되었다. 반대로 퇴근 후 1시간 이상 디지털 절식을 실천한 집단에서는 스트레스 호르몬 수치가 유의미하게 감소했다. 휴식은 선택이 아니라 생리학적 복구 과정이다.

수면의 과학: 회복의 필수 조건

수면은 사치가 아니라 생존의 조건이다. 뇌는 깨어 있는 동안 노폐물을 축적한다. 수면 중에 교감신경계(Glymphatic System)가 활성화되어 이 노폐물을 제거한다. 충분히 자지 않으면 뇌는 오염된 상태로 작동한다. 집중력이 떨어지고, 판단력이 흐려지며, 감정 조절이 어려워진다.

수면은 단순한 휴식이 아니라 적극적 회복이다. 깊은 수면 단계(Non-REM sleep)에서 성장 호르몬이 분비되고, 면역계가 강화되며, 손상된 조직이 재생된다. REM 수면에서는 기억이 공고화되고, 감정이 처리되며, 창의적 연결이 형성된다. 하루의 경험은 수면 중에 통합된다. 잠을 자지 않으면 배운 것이 정착되지 않는다.

수면 부족은 누적된다. 하루 6시간씩 2주간 자면, 48시간을 깨어 있는 것과 같은 인지 손상이 나타난다. 그러나 본인은 인식하지 못한다. 워커(Walker, 2017)는 수면 부족 상태에서 사람은 자신의 손상된 판단력을 판단할 능력을 잃는다고 말했다. 피곤한 사람은 자신이 피곤한지조차 정확히 알지 못한다.

AI는 24시간 작동하지만 사람은 그럴 수 없다. 기술이 일의 경계를 허물수록, 수면의 경계를 지키는 것이 더 중요해진다. 일정한 시간에 자고 일어나는 것. 침실을 어둡고 시원하게 유지하는 것. 잠들기 1시간 전에 스크린을 끄는 것. 이 단순한 습관들이 수면의 질을 결정한다.

움직임의 역할: 신경계의 균형

운동은 정신의 회복을 가속한다. 규칙적인 유산소 운동은 세로토닌 분비를 촉진하고, 뇌유래신경영양인자(BDNF)를 증가시킨다. BDNF는 신경세포의 성장과 생존을 돕는 단백질이다. 운동하는 사람의 뇌는 새로운 신경세포를 만들고, 시냅스 연결을 강화한다. 해마의 부피가 증가하고, 인지 기능이 향상된다.

하버드 신경과학자 존 레이티(Ratey, 2008)에 따르면,

규칙적인 유산소 운동은 집중력과 긍정 정서를 유의미하게 향상시킨다. 몸이 움직이면 마음이 따라온다. 운동은 단순히 체력을 키우는 것이 아니라, 신경계의 균형을 회복하는 것이다.

운동은 스트레스 호르몬을 대사시킨다. 코르티솔이 분비되면 신체는 투쟁-도피 반응을 준비한다. 그러나 현대인은 실제로 싸우거나 도망가지 않는다. 에너지는 동원되었지만 사용되지 않는다. 운동은 이 에너지를 소모시킨다. 신체는 위협이 끝났다고 인식하고, 회복 모드로 전환된다.

운동의 효과는 즉각적이다. 30분 걷기 후 기분이 좋아지는 것은 우연이 아니다. 엔도르핀이 분비되고, 편도체의 활성이 감소하며, 전전두피질이 활성화된다. 불안은 줄어들고, 명료함은 증가한다. 이것이 운동이 단순한 건강관리가 아니라 인지 전략인 이유다.

움직임은 거창할 필요가 없다. 30분 산책, 10분 스트레칭, 계단 오르기. 이 작은 움직임들이 신경계를 재조정한다. 하루 종일 앉아서 일하는 사람일수록 움직임이 절실하다. 앉아 있는 시간이 길수록 건강 위험이 증가한다. 1시간마다 5분 일어나서 움직이는 것만으로도 차이가 생긴다.

회복의 리듬 설계: 느림의 전략

AI는 신체적 리듬을 무시한다. 24시간 접근 가능한 도구와 플랫폼은 사람의 일과 휴식의 경계를 흐린다. 그러나 생산성의 진짜 적은 게으름이 아니라 회복 결핍이다. 고성과 전문가 연구(Loehr & Schwartz, 2003)에 따르면, 회복 루틴이 성과의 지속성을 좌우한다. 기술이 일의 효율을 높이는 만큼, 회복의 설계 또한 전략이 되어야 한다.

회복은 단순히 쉬는 것이 아니라 의도적으로 설계하는 것이다. 일주기 리듬(Circadian Rhythm)을 존중하는 것. 사람의 신체는 24시간 주기로 작동한다. 아침에 각성도가 높고, 오후에 집중력이 최고조에 달하며, 저녁에는 회복 모드로 전환된다. 이 리듬을 무시하고 일하면 효율이 떨어진다. 리듬을 따르면 같은 시간에 더 많은 것을 할 수 있다.

울트라디안 리듬(Ultradian Rhythm)도 중요하다. 사람의 집중력은 90~120분 주기로 변한다. 이 주기에 맞춰 일하고 쉬면 지속 가능하다. 90분 집중하고 15분 쉬는 것. 이 패턴을 반복하면 하루를 버틸 수 있다. 쉬지 않고 계속 일하면 오히려 생산성이 떨어진다.

회복의 루틴은 거창하지 않다. 일정한 수면 시간, 규칙적인 식사, 하루 한 번의 산책. 이 단순한 습관들이 신경계의 균형을 되찾는다. 루틴의 핵심은 일관성이다. 매일 같은 시간에 자고 일어나면 신체 시계가 안정된다. 매일 같은 시간에 움직이면 에너지 관리가 예측 가능해진다.

일부 기업은 피로 관리를 HR 전략으로 포함시키고 있다. 구글은 직원의 생산성 지표에 에너지 회복 점수를 도입했다. 피로가 곧 리스크로 간주되는 시대다. 개인 차원에서도 회복을 우선순위에 두어야 한다. 바쁘다는 이유로 수면을 줄이고, 운동을 건너뛰고, 식사를 대충 하면 단기적으로는 시간을 벌지만 장기적으로는 효율이 떨어진다.

지속 가능성의 토대: 몸의 지구력

지속 가능한 성장은 기술로 측정되지 않는다. 회복의 리듬을 가진 사람만이 변화의 속도를 견딜 수 있다. 기술이 가속할수록 사람은 느려야 한다. 휴식은 생산성의 반대가 아니라 생산성의 전제다.

느림의 전략은 포기가 아니라 선택이다. 모든 것을 빠르게 할 수 없다면, 중요한 것을 제대로 하는 것. 덜 하되 잘 하는 것. 양보다 질. 이것이 지속 가능성의 핵심이다. 번아웃은 너무 많이 해서가 아니라, 회복 없이 계속해서 온다.

몸은 정직하다. 피곤하면 신호를 보낸다. 두통, 소화

불량, 불면, 근육통. 이 신호들을 무시하면 큰 문제가 온다. 신호에 귀 기울이고 조기에 대응하면 회복 가능하다. 몸의 신호를 읽는 것이 자기 관리의 시작이다.

AI가 빠르게 발전할수록 사람은 더 단단히 서야 한다. 그 단단함은 근육과 뼈에서 시작된다. 몸이 버티면 마음이 따라온다. 몸의 리듬이 바로 마음의 리듬이다. 결국 AI 시대의 진짜 경쟁력은 지식이 아니라 지구력이다.

수면과 움직임, 회복의 리듬이 성과가 아니라 지속 가능성의 기반이다. 기술의 시대에 느림이 필요한 이유는 명확하다. 사람의 신체는 진화적으로 느린 변화에 최적화되어 있다. 빠른 변화는 신체를 소진시킨다. 느리게 가는 것이 결국 멀리 가는 길이다. 몸을 챙기는 것이 마음을 지키는 것이다.

참고문헌

Loehr, J. & Schwartz, T.(2003). "The Power of Full Engagement: Managing Energy, Not Time". Free Press.

Ratey, J. J.(2008). Spark: The Revolutionary New Science of Exercise and the Brain. Little, Brown Spark.

Sapolsky, R. M.(2004). *Why Zebras Don't Get Ulcers.* Holt Paperbacks.

Walker, M.(2017). Why We Sleep: Unlocking the Power of Sleep and Dreams. Scribner.

원미영

더미컴퍼니(The Me Company) 대표다. 고려대학교 심리융합과학대학원에서 AI 시대 개인의 심리적 안정감과 커리어 심리학을 연구 중이다. 아마존, 필립스, 요기요, GE 등 글로벌 기업에서 16년간 인사·조직 개발을 이끌며 채용, 조직문화, 리더십 개발 전략을 설계했다. 주요 저서로 《빌더스 코드: AI 시대 커리어 생존 전략》(2025)이 있다. HR Insight, ZDNet Korea 등 주요 매체에 AI 시대의 일과 조직문화에 관한 칼럼을 기고하고 있다.